インクルーシブな学校をつくる

——北欧の研究と実践に学びながら

石田祥代
是永かな子　編著
眞城知己

ミネルヴァ書房

ま え が き

　類書の中で従来にない本書の特徴は，北欧各国の研究者に分担執筆していただきながらインクルージョンに向かうプロセスの学校について論じた点にある。

　フィンランドをマッティ・クオレライヒ（Matti Kuorelahti）名誉准教授（Jyväskylän yliopisto：ユバスキュラ大学），スウェーデンをギルマ・ベルハヌ（Girma Berhanu）教授（Göteborgs universitet：イェーテボリ大学），デンマークをスティーネ カプラン・ヨーイェンセン（Stine Kaplan Jørgensen）准教授（Københavns Professionshøjskole：ユニバーシティ・カレッジ・コペンハーゲン），そして，ノルウェーをアン‐キャスリン・ファルデット（Ann-Cathrin Faldet）准教授（Høgskolen i Innlandet：インランドノルウェー応用科学大学）に執筆いただいた。

　これら各国の執筆者の調整を行った共同編者の石田祥代先生と是永かな子先生とは，障害児教育分野の理論，歴史及び制度研究者として四半世紀にわたって日本特殊教育学会や日本特別ニーズ教育学会，その他の勉強会など様々な場でご一緒してきた。とくに2008年から始めた科研費による「デンマークにおける地方分権制度とインクルーシヴ教育に関する研究」（基盤研究（B）海外学術調査：課題番号20402069，研究代表者：真城知己，2008-2010）にお誘いしてからは，「デンマークにおける自治体再編の拡大特別ニーズ教育制度への影響に関する研究」（基盤研究（B）海外学術調査：課題番号23402068，研究代表者：真城知己，2011-2013），「デンマークにおける自治体条件差を包含するインクルーシヴ教育制度構築過程の特質」（基盤研究（B）海外学術調査：課題番号15H05204，研究代表者：真城知己，2015-2018），「新たな学齢児支援モデルの構築と運用に関する研究」（基盤研究（C）：課題番号15H04573，研究代表者：石田祥代，2015-2017），「後期中等教育におけるインクルーシブ教育の展望とその方略の提言」（基盤研究（B）：課題番号19H01698，研究代表者：石田祥代，2019-2022）と，現在に至るまで

10年以上も北欧でのフィールド調査を共同研究チームとして取り組んできた。

　私たちのフィールド調査の方法は徹底していて，各人が分担した調査対象地を訪問する方法を基本とした上，同じ自治体を期間を空けて複数回訪問調査するなどして，インクルーシブ教育の展開や動向を小さな変化点にも気づけるように丹念に継続して調査する手法などに特徴がある。単発的な訪問調査で表面的な情報収集にとどまるのではなく，長期的に各自治体の担当者や様々な現地の大学の研究者との協力関係を構築することを重視してきた。本書は，こうしたフィールド調査を通じた現地との協力関係を基盤に構想されたものである。

　石田祥代先生と是永かな子先生は，『スウェーデンのインテグレーションの展開に関する歴史的研究』（石田祥代，風間書房，2003），『スウェーデンにおける統一学校構想と補助学級改革の研究』（是永かな子，風間書房，2007）をそれぞれ代表著書として有するスウェーデン障害児者教育研究を専門領域として学生時代から一貫して北欧研究に取り組んで活躍してきた方たちである。上記の共同研究以外にも，「北欧諸国のインクルーシブ教育における包摂と排除の変遷」（基盤研究（C）：課題番号18K02793，研究代表者：是永かな子，2018-2021）など，精力的に北欧研究を継続している。一方，眞城は元々はイギリスの特別な教育的ニーズに関する理論と制度を専門としている。マンチェスター大学で客員研究員をしていた際に特別な教育的ニーズ概念とインクルーシブ教育の関係性について頻繁に個別の議論の相手をしてくださった，当時ユネスコでインクルーシブ教育に関するアドバイザーを務めていたメル・エインスコー（Mel Ainscow）名誉教授との出会いを契機にインクルーシブ教育の理論研究に着手し，その後，各地域に応じたインクルーシブ教育を展開するデンマークをフィールドとした研究を始め，デンマーク教育大学（現オーフス大学）のニルス・イーェルン（Niels Egelund）名誉教授やイェスパー・ホルスト（Jesper Holst）准教授の下でそれぞれ客員研究員として滞在するなどデンマークでのインクルーシブ教育制度研究を20年ほど継続してきた。吟味に時間をかけすぎてと言えば聞こえが良いが，遅筆のために研究成果をまとまった形で公にできずに悩んでいたところで，石田先生と是永先生から本書の構想をご相談いただき，ようやく本書を通

じて研究成果の一端をお伝えできるところに至った。

　日本では，かつてのインテグレーション（統合教育）運動と混同した論や発想が根強く残っているためか，位置的統合（Locational Integration）や社会的統合（Social Integration）のイメージで，「一緒にいる」機会を用意しているものの，子どもの「学び」に焦点を当てて見てみると実際には学習機会に実質的に参加できておらず，むしろ「排除」つまりエクスクルージョンの状態であるにもかかわらず，「一緒にいる」ことのみをもって「インクルージョン」であると紹介している例が後を絶たない。また，子ども自身にどのような「課題」があって，それにどのように対応を用意するかに終始する実践が展開されるために，特別な教育的ニーズのある状態の子どもをいかに通常学校で提供される「スタンダード（標準）」に適応させたり，「（通常学級での授業に）ついてこられるようにするか」という考えから脱却できていない。子どもにとっての学校にかかわる制度や運用にまで踏み込んだ「学校改善（school improvement）」や「学校開発（school development）」の視点が欠如している。すなわち学校におけるインクルージョンを推進するための基本的な考え方が浸透できていないのである。

　さらには，社会運動として「障害者と他者の統合」を指す「共生」に対してinclusive society の語を当てていることも integration と混同されることが多い背景であろう。日本では学術分野においてさえ，integration 概念と inclusion 概念とを区別しない論文もあるほどなのだから，これらの混乱はやむを得ない面もあろうが，SDGs の Goal 4 で「インクルーシブで平等な質の高い教育を保障し，すべての人に生涯にわたる学習機会を促進する（ensure inclusive and equitable quality education and promote lifelong learning opportunities for all）」ことが明示される時代にあって，教育におけるインクルージョンを国際的な視点で理解することは研究，行政，実践のいずれに携わる人にとっても最低限の責務なのではないか。

　本書は，こうした自覚の下に北欧での経験に触れながら上梓するものであるが，まだまだ出発点にすぎない位置づけである。これから読者諸氏からの忌憚

のないご批判をいただいて，研究や実践の仲間を国内外に増やしながらさらに学びを深め，それをまた今後の著作を通じて還元できるように努めたい。本書が少しでも北欧研究や教育におけるインクルージョン研究に資することができれば幸いである。

　ミネルヴァ書房編集部の吉岡昌俊様と川島遼子様には本書の刊行に向けて大変お世話になった。特に吉岡様からは何年にもわたり様々な調整をしていただいた。心より感謝申し上げたい。

　　2020年11月

編者を代表して

眞 城 知 己

目　次

まえがき

v

索　引

第Ⅰ部

インクルージョンと学校

第1章 インクルージョンの萌芽と歴史的展開

是永かな子

本章のねらい

　インクルージョンやインクルーシブ教育という言葉を聞く機会は増えているが，その意味する内容は論者によって異なる。第2章であらためて言及するが，本章では，ユネスコのサラマンカ声明に注目してインクルージョンの概念を確認する。その上でインクルージョンの国際的動向として，第4章から第9章にわたり紹介している北欧で，インクルージョンが社会に浸透していった過程について分析を行う。さらに，インクルージョンに関する日本での議論の過程を述べる。最後に，インクルージョンの今後の課題として，我々が直面する検討事項を示す。以上の流れによって，読者それぞれがインクルーシブな学校づくりを模索するための道筋となるように，インクルージョンの萌芽から現代に至るまでの歴史的展開を示すことが本章のねらいである。

1　インクルージョンの定義

（1）特別な教育的ニーズとは

　インクルージョンは，1994年6月のユネスコとスペイン政府共催の「特別なニーズ教育に関する世界会議――アクセスと質」において採択された「特別なニーズ教育に関するサラマンカ声明と行動大綱」（以下，サラマンカ声明）において明記された。この文書は，まず，インクルージョンの原則，すなわち「みんなのための学校（a school for all）」としてすべての人を教育の対象に含み，個人主義を尊重して，学習を支援し，個別のニーズに対応する施設に向けた活

動を行うことの必要性を表明している（UNESCO, 1994）。さらに，サラマンカ声明は以下のように続く。このインクルーシブ志向をもつ通常の学校こそ，差別的態度と戦い，すべての人を喜んで受け入れる地域社会をつくり上げ，インクルーシブ社会を築き上げ，万人のための教育を達成するもっとも効果的な手段であり，さらにそれらは，大多数の子どもに効果的な教育を提供し，全教育システムの効率を高め，ついには費用対効果の高いものとする（UNESCO, 1994）。このように，インクルーシブ教育は通常の学校においても実践されることが念頭に置かれている。

　サラマンカ声明で示される特別ニーズ教育は，特別な教育的ニーズをもつ子どもに対する様々な特別なニーズにふさわしい，様々な支援やサービスによる教育を受ける権利の保障であり，通常学校の重要な改革を要求するものである（UNESCO, 1994）。ここでは障害に限定しない「特別な教育的ニーズ（Special Educational Needs：SEN）」という用語が使用されている。「特別な教育的ニーズ」という概念が使用されるようになったのは，イギリスにおいて1978年にウォーノック（Warnock, M.）を議長とする障害児・者の教育調査委員会の報告書が提出されたときからである（ウォーノック報告）。この報告を受けて，イギリス政府は1981年教育法（Education Act 1981）で，特別教育の対象となる子どもを，「障害」のある子どもとして捉えずに，「特別な教育的ニーズ」のある子どもとしたのである（Department for Education and Science, 1978）。なお，特別な教育的ニーズについては，第3章で再度触れることとする。

　特別ニーズ教育の実施やインクルージョン志向のために，インクルーシブな学校づくり（インクルーシブ学校）が目指される。インクルーシブ学校では，様々な学習スタイルや学習の速さについて調整をしながら，また，適切なカリキュラムと，教育課程編成上の調整，指導方略，資源の活用，地域社会との協力を通じ，すべての子どもに対し質の高い教育を保障しながら，子どもの多様なニーズを認識し，それに応じなければならない。その際，すべての学校内で直面する様々な特別のニーズにふさわしい，様々な支援やサービスがなければならない（UNESCO, 1994）。すなわち，子どもの学びの多様性を前提に，学校

における調整や支援，サービスが保障されることが目指される。

　また，特別な教育的ニーズという用語は，「そのニーズが障害もしくは学習上の困難からもたらされるすべての児童・青年に関連している」ため，「特別ニーズ教育」とは，「特別な教育的ニーズ」に対する教育的施策であり，特別な場に限定せず多様なケア・サービスを保障し，その対象を障害児以外にも拡大させるものである（UNESCO, 1994）。

　したがって，特別ニーズ教育の対象としては，障害児やギフテッド（IQ や多様な分野での高い能力をもつもので "gifted" に加え "talented" や優秀児と表現される（The European Agency for Development in Special Needs Education, 2007）），2E（トゥーイーと呼称され，"twice exceptional children"（＝二重に例外的な子ども）のことで，サバン症候群などがその典型とされている。つまりギフテッドでありながら，学習障害や広汎性発達障害において見られる能力の偏りをもつグループのことを指す（杉山, 2009）），ストリート・チルドレンや学校に行かず働いている子ども，辺境地域の子どもや遊牧民の子ども，言語的・民族的・文化的マイノリティーの子ども，その他の社会的に不利な立場にある人々や周辺化された領域あるいは集団の子ども，が想定されている（UNESCO, 1994）。このように障害のみにとらわれない特別な支援の対象となる子どもに対する教育的支援の可能性が広がったが，特別ニーズ教育に関する事情は「国によって非常に異なっている」ため，各国間の社会的・文化的背景を考慮して独自に規定される必要がある（UNESCO, 1994）とも指摘されているのである。

（2）インクルーシブ教育の定義や方策のちがい

　以上をふまえると，インクルーシブな教育制度とは，すべての子どもを対象として「学び」と「参加」における障壁を取り除くことであり，多様性を受け入れることでもあると理解できる。しかし，その定義や具体化の方策は不明な点も多い。そのため，国によってインクルージョン推進を掲げていたとしても，その有り様は異なっている（第 2 章参照）。

　たとえば，インクルーシブ教育の解釈の類型化を試みたキッピスら（Kiuppis

& Hausstätter, 2015）はインクルーシブ教育が想定している対象の相違を以下の
3 タイプに整理している。

　第一のタイプは，インクルーシブ教育を「みんなのための教育の基本的な最
低基準を確保すること」，および人種，宗教，性別または障害などの区分によ
り個人の差異が分類されない異質の学習者層を扱うことによって特徴づけられ
る総括的な取り組みと見なす。統合（インテグレーション）環境における教育と
インクルーシブ教育との相違は，前者が障害または特別な教育的ニーズがある
子どもに焦点を当てるのに対して，後者は「非分類別に」学習者の多様性を扱
うことである。よって，国や地域におけるインクルーシブ教育のための計画は，
事前に定義されたニーズをもった少数の選抜された子どもではなく，個別に，
各自を基準にして作成される。

　第二のタイプは，インクルーシブ教育を万人向けとしながらも，実際には特
定グループにとくに焦点を当てた概念として構成する。この特定グループとは，
①もっとも脆弱なグループ，たとえば働いている子ども，先住部族に属する子
どもおよび言語的少数派・遊牧民の子ども，HIV・AIDS の影響を受けた子ど
も，②社会的に排除されたグループ，たとえば農村・辺境地域の子どもおよび
都市スラムの子ども，③障害のあることに起因する特別な教育的ニーズがある
子ども，のいずれかと見なされるのである。

　第三のタイプは，インクルーシブ教育を主に障害のある人を対象とした概念
として広く理解する傾向にある。これは，インクルーシブ教育の展開を考慮す
れば理解できる。それはユネスコの特別教育部によって1990年代半ばに明確に
された概念だからである。この第三の柱は，インクルージョンがインテグレー
ションの概念上の発展形であることを示している。したがって，何よりもまず
障害のある人々を意図していることを提言した国連の「障害者の権利に関する
条約（略称：障害者権利条約）」（外務省，2018）の主に条約第24条につながったと
いう理解によって裏づけされる。

　このようにインクルージョンの定義は，1970年代のウォーノック報告の影響
を受けつつ，1994年のユネスコのサラマンカ声明によって明示されたと言えよ

う。その内容は子どもに合わせた通常の学校を含む改革であるが，それぞれの具体化については各国の実情に応じるとされている。次に北欧を中心に，インクルージョンの展開について示す。

2　インクルージョンの世界的展開

（1）ノーマライゼーションの理念とその概要

「ノーマライゼーション」とは

インクルージョンの展開をインテグレーション，そしてノーマライゼーションとの関係で説明する論考は多い。

ノーマライゼーション[1]は，1950年代にデンマークのバンク＝ミケルセン（Bank-Mikkelsen, N. E.）が提唱し，デンマークの「1959年法（Lov nr. 192 af 5. juni 1959 om forsorgen for åndssvage og andre særlig svagtbegavede）」において世界ではじめて法律で用いられた（花村，1998）。その後スウェーデンのニィリエ（Nirje, B.）がノーマライゼーションをより具体化し（ニィリエ，1998），スウェーデンでは，グリュネバルド（Grunewald, K.）らによって知的障害児者福祉施策として展開した（グラニンガー＆ロビーン，2007）。

ニィリエは，ノーマライゼーションを「生活環境や彼らの地域生活が可能な限り通常のものと近いか，あるいは，まったく同じようになるように，生活様式や日常生活の状態を，すべての知的障害やほかの障害をもっている人々に適した形で，正しく適用すること」と定義し，障害児者が人間として発達していくために必要な以下の八つの構成要素を示した。①１日のノーマルなリズム，②１週間のノーマルなリズム，③１年間のノーマルなリズム，④ライフサイクルにおけるノーマルな発達的経験，⑤ノーマルな個人の尊厳と自己決定，⑥その文化におけるノーマルな性的関係，⑦その社会におけるノーマルな経済水準とそれを得る権利，⑧ノーマルな環境形態と水準，である（Nirje, 1969）。

ノーマライゼーションの世界的展開

その後ノーマライゼーションは世界的に広がっていく。たとえば1971年の国

連の知的障害者権利宣言（United Nations Declaration of the Right of Mentally Retarded Persons）にノーマライゼーションの理念が盛り込まれた（United Nations, 1971）。ノーマライゼーションは1975年の「国連障害者権利宣言」の土台ともなり，「国際障害者年」のテーマを「完全参加と平等」とした国連決議（34/154, 1979年）へとつながっていく（障害保健福祉情報システム, 2013）。そして，1981年の国際障害者年がきっかけとなって，日本でもノーマライゼーションという言葉が使われるようになった（花村, 1998）。またアメリカでは，ヴォルフェンスベルガー（Wolfensberger, W.）がノーマライゼーションを「可能なかぎり文化的にノーマルである身体的な行動や特徴を維持したり，確立したりするために，可能なかぎり文化的に通常となっている手段を利用すること」と再構成するなど（ヴォルフェンスベルガー, 1982），ノーマライゼーションを独自に理論化・体系化して発展させた。ノーマライゼーションにもとづいて社会や学校における統合（インテグレーション）を推進し，大規模収容施設の脱施設化や統合教育を具体化したのである。

　スウェーデンでは1967年にノーマライゼーションの原理を盛り込んだ「知的障害者福祉法」（SFS 1967: 940）が制定される。この法律で従来の「知的障害基礎学校（Grundsärskola）」のみならず重度知的障害児のために「訓練学校（Träningsskolan）」が設立され，重度の障害のある子どもも含めたすべての子どもを対象とした義務教育が確立した。そして，完全義務教育制実施に伴う資源の不足を補うため，通常学校（本書では，一般的な小・中学校を指す区分名称として使用する）である「基礎学校（Grundskola）」の施設を活用する「場の統合（Lokalintegring）」が推進された。

　一方，ノルウェーでは，1970年代の改革によるイタリアの「トータル・インテグレーション」（第2章参照）に続き1992年に特別学校を原則廃止し，学習指導要領に相当する「カリキュラム」の一元化，市に相当する自治体立教育心理研究所（Pedagogisk-psykologisktjeneste：PPT）による支援を基盤とした「基礎学校（Grunnskole）」主体の特別な教育的ニーズに応じる「適応教育（Adapted education）」が進められてきた。ネス（Nes, K.）は，ノルウェーの教育への参加

保障は，特定の障害診断のある子どものためのものではなく，ノルウェー語を話せない子どものためにもなるのであり，幅広い意味ですべての人の学習と参加を増加させると考えられていることを指摘する（Nes, 2016）。このようにノルウェーの基礎学校では障害のみならず特別な教育的ニーズに応じる適応教育が目指されている。そのためノルウェーでは，学級環境をよりインクルーシブにするための方法が開発されている。たとえば，教育環境開発・分析のためのLP モデルがある。LP モデルとは，すべての子どもを対象とした学習環境の開発であり，子どもの前提条件に関係なく，学習にとってよい条件を提供する環境の構築が目指される。LP モデルでは組織全体で取り組み，教員がチームとしてかかわることから，教員間の同僚性（同僚が支え合い，成長し，高め合う関係）も育成される。これらに加え，積極的な行動支援を支える校内システムとして，「積極的行動とメンタルヘルス（Positiv atferd, støttende læringsmiljø og samhandling：PALS）」の方法論の開発と成果の分析が行われている。PALS は肯定的な言動や適切行動の教示によってよりよい学習環境の構築を志向する全校で取り組む研修・指導のモデルである。

（2）インテグレーションの持続的な実践と国際的趨勢としてのインクルージョン

インテグレーションからインクルージョンへ

　ノーマライゼーション発祥の地である北欧では，社会や学校における「統合（インテグレーション）」を推進し，大規模収容施設の脱施設化を具体化してきた。インテグレーションはあらゆる場面で障害のある人と障害のない人がともにいることを目指すが，とくに学校教育において障害児と非障害児がともに学ぶ場合を統合教育と表すことが多い。

　1980年代以降インテグレーションは，学年進行による教育的統合の困難など課題が顕在化しつつあった。また，イギリスの「ウォーノック報告」に象徴される特別な教育的ニーズ概念のように，医学的な障害分類によらない，学習困難も含めた対象概念やケア・サービスが広がりをみせた国もあり，1980年代には従来の特別教育を超えた教育システムが摸索されつつあった。

　特別教育と通常教育といった二つの異なった教育を前提とした二元論としてのインテグレーションから，すべての子どもが一つの学校という枠組みで教育を受ける一つの同じ教育を前提とした一元論もしくは多様な教育を前提とした多元論としてのインクルージョンが構想された。そして，1990年代以降インテグレーションは，「サラマンカ声明」に象徴されるインクルージョンに転換されていくのである。ただし，スウェーデンのインテグレーションには当初から個の尊厳（Integrity）が内包されていたことも指摘されており（Rosenqvist, 2003），スウェーデンでは「インテグレーション」の用語が今も重視されている。また，ユネスコはインクルージョンをインクルーシブな状態を求める過程そのものであると定義するため（UNESCO, 2009），障害児の統合も「完成形」があるのではなく，よりよい教育を志向し続ける「過程」が重要であると言えよう。

北欧各国でのインクルーシブ教育

　次に，スウェーデンとデンマークにおけるインクルーシブ教育推進の試みについて示す。フィンランドの試みは本章第4節で取り上げる。

　スウェーデンでは，個に応じた教育内容を保障しつつ，「個の統合」でインクルーシブ教育を進める。そのため，基礎学校ナショナルカリキュラム（Läroplan）を履修する「子ども」と基礎学校で知的障害特別学校ナショナルカリキュラムを履修する「統合された子ども」が学級に併存する場合があり，教員には，一つの教室で二つのナショナルカリキュラムや評価を念頭に授業を行うことが求められる。そのため，学校のすべての子どもに立てられる個別教育計画の内容を充実させ，各学期に1回以上開催されて子ども本人と保護者も参画が認められている発達会議（Utvecklingssamtal）において計画内容の見直しをすることが重要である。

　デンマークにおける特別ニーズ教育の実施に関して，学校は自治体立教育心理研究所（Pædagogisk psykologiskrådgivning：PPR）の心理士，言語療法士，カウンセラー，読字教員，特別教育コンサルタントとともに評価や指導計画作成を行う。多様な教育の一環として，近年デンマークではギフテッド教育に着手

する自治体も出てきている。他にも，社会的困難を有する子どもと保護者が週
2日，年間で10週間ともに通学する家族支援学級，行動・情緒面の支援を専門
に行う AKT 教員（Adfærd, kontakt og trivsel）の養成・配置，行動面で課題が
ある子どもの観察学級，社会・情緒特別学級や寄宿舎付社会・情緒特別学校な
どが，自治体の必要性に応じて設置されている。

　最後に北欧においてインクルーシブ教育を考える際には移民の支援も重要で
あることも付言しておきたい。北欧における移民政策については第4章におい
て触れられている。

3　インクルージョンの日本における展開

（1）「特殊教育」から「特別支援教育」への展開

　「サラマンカ声明」が示した「特別ニーズ教育」や「インクルージョン」と
いう新たな教育理念は日本にも広がり，特殊教育制度への批判や改革の議論が
活発化した。そして，文部科学省は2001年「21世紀の特殊教育の在り方につい
て――一人一人のニーズに応じた特別な支援の在り方について（最終報告）」
を示し，「ニーズ」という概念を使用した。同年，文部科学省の再編で「特殊
教育課」は「特別支援教育課」に変更されている。

　2002年には，全国4万人を対象とした「通常の学級に在籍する特別な教育的
支援を必要とする児童生徒に関する全国実態調査」を行い，2003年3月にその
対象児は6.3%であるという結果を公表した。それを受けて同年に「今後の特
別支援教育の在り方について（最終報告）」（文部科学省，2003）として特別な教
育すなわち「特別支援教育」を，従来の特殊教育の対象の障害（視覚障害，聴
覚障害，知的障害，肢体不自由，病弱，言語障害，情緒障害）だけでなく，学習障害
（LD），注意欠如・多動性障害(2)（ADHD），高機能自閉症を含めて障害のある児
童生徒の自立や社会参加に向けて，その一人ひとりの教育的ニーズを把握して，
その持てる力を高め，生活や学習の困難を改善または克服するために，適切な
教育や指導を通じて必要な支援を行うもの，と新たに定義した。

　これまで述べてきたように，障害の程度等に応じ特殊の場で指導を行う「特殊教育」から障害のある児童生徒一人ひとりの教育的ニーズに応じて適切な教育的支援を行う「特別支援教育」への転換を示したのである（文部科学省，2003）。

（2）障害者権利条約を踏まえた施策

　国連の障害者権利条約に関して，日本は2007年9月28日にこの条約に署名し，2014年1月20日に批准書を寄託した。同年2月19日に同条約は日本において効力を発生した。

　障害者権利条約の批准も念頭に，文部科学省は2010年7月以降「特別支援教育の在り方に関する特別委員会」において「日本型インクルーシブ教育システム」の構築に向けた議論を活発に行ってきた。そして，文部科学省は，2012年に「共生社会の形成に向けたインクルーシブ教育システムの構築のための特別支援教育の推進」（文部科学省，2012）を公表したのである。そこには，障害のある者と障害のない者が可能な限りともに学ぶことが推進されていく上で，学校教育においても個別の教育的ニーズのある児童生徒に対して個々に応じた支援を行っていくことが求められている。その際には，共生社会の形成に向けたインクルーシブ教育システムの構築，インクルーシブ教育システム構築のための特別支援教育の推進，共生社会の形成に向けた今後の進め方として，インクルーシブ教育は共生社会の創造にもつながることが示されている。また障害者権利条約批准を受けて，障害のある子どもが十分に教育を受けられるための合理的配慮およびその基礎となる環境整備についても言及されている。

　障害者権利条約の内容を現実化するため制定された「障害を理由とする差別の解消の推進に関する法律」においては，2016年4月1日の施行から，障害を理由とするあらゆる差別が解消されるよう，「不当な差別的取り扱い禁止」と合わせて，「合理的配慮」が明確に法に位置づけられ，教育現場において個々の特性に応じた特別支援教育の必要性が高まった。しかし，学校現場においては，それぞれの子どもに応じた支援や特別支援教育への教員や保護者の認識と

理解が十分でない場合もある。

4　インクルージョンの今後の課題

（1）対象の拡大

　現在の日本における特別支援教育の対象は，特殊教育の対象であった視覚障害，聴覚障害，知的障害，肢体不自由，病弱，言語障害，情緒障害の七障害にLD と ADHD，高機能自閉症等を追加したものであり，「障害児」に対しての教育が中心である。

　そもそも特別ニーズ教育では「障害児」に教育対象を限定せず，通常の学習スタイルや学習の速さ，カリキュラム，指導方略，資源の活用では教育を受ける権利を保障されない「特別な教育的ニーズを有している者」を包括していた。それら「特別な教育的ニーズ」に応じる教育を目指すことがインクルージョンであり，「すべての者のための学校」を成立させる要件であると考える。実際北欧では，ギフテッド，要支援家庭，問題行動，社会情緒障害，移民・難民問題など「特別ニーズ教育」の視点から支援が提供されている。日本の特別支援教育においても，「障害のある児童生徒の視点に立って一人一人のニーズを把握して必要な教育的支援を行う」ことが基本理念とされている（文部科学省，2003）。ここでも「ニーズ」という言葉は用いられており，今後「障害」に限定されない「特別な教育的ニーズ」にその教育対象が拡大されていくことが望まれる。以上のことから，特別支援教育における対象拡大の可能性を検討することが日本の特別支援教育における第一の課題であろう。なお，ニーズという言葉については第3章でも言及する。

（2）分離を避けながらの「特別な支援」

　日本におけるノーマライゼーションの普及や特別支援教育の推進において，その意味や目指す方向性を確認しつつ，二元論としてのインテグレーションの課題を克服し，一元論・多元論としてのインクルージョンにいかに展開するか

を念頭に置く必要がある。一方で，インクルージョンの推進のためには不必要
な分類やそれに伴う排除を逓減させる必要があるが，同じ場で学習しながらも
「特別な」ニーズのある子どもへの付加的な支援の正当性や根拠を示す必要も
あるといった矛盾をはらんでいる，という指摘もある。障害によって区分され，
分離されることは回避しつつも，通常の教育方法や教育内容では十分に学習で
きない「特別な」教育的ニーズに応じる方法としての「インクルージョン」を
めぐる議論は，論点を明確にしつつ進めることが肝要である。ゆえに，区分や
分離を避けつつ，「特別な」支援の対象やその内容を可視化することが第二の
課題であろう。

（3）各学級でのインクルーシブ教育のための方法

　インクルーシブ教育を促進することは，国連の障害者権利条約が提起する基
礎的環境整備と合理的配慮の具体化にもつながる。しかし，日本における特別
支援教育対象児は増加の一途をたどっている。また，急速なインクルージョン
は，特別な支援を必要とする子どもを配慮なく学級に入れる「ダンピング」に
もつながるため，特別支援対象児の割合の低下のみを焦点化するのではなく
個々の背景を分析することを通して，学級でのインクルーシブ教育を効果的に
進めること（インクルーシブな学級づくり）が必要である。

　フィンランドでは約30％の子どもが特別支援を受けており，PISA 調査にお
ける優秀な成績の背景に特別支援の積極的活用があることが指摘されている。
特別支援の仕組みとして，フィンランドでは，アメリカにおける特別な教育的
ニーズのある子どもの支援としての，階層型介入モデル（Response-to-interven-
tion：RTI）も参考にしつつ，2014年のナショナルカリキュラム（Perusopetuk-
sen opetussuunnitelman perusteet）では三段階支援の導入が確定した。三段階支
援のうち，第一段階として担任教員はすべての子どもを対象に早期発見・早期
対応の「一般支援」を行い，学級での子どもの困難の軽減を図る。一般支援だ
けでは十分ではない場合，教育的評価にもとづいて第二段階の「強化支援」が
行われる（図1-1）。それでも支援が十分ではない場合は教育的判定にもとづ

図1-1　段階的支援としての特別教員に
　　　　よる抽出指導

図1-2　担任教員と特別教員の
　　　　コティーチング

いて教育内容・教育方法の個別対応として第三段階の「特別支援」が行われる。このように早期の対応や支援の評価にもとづいて徐々に高次の支援に移行する体制は予防的な対応とも言える。段階的支援は学力面のみならず行動面の指導にも導入されており，二次障害の予防と回復の手立てとしても期待される。

　他にも，教室で複数の教員が指導するコティーチング（チーム・ティーチングとは異なり主副の関係はない）（図1-2）が導入されており，基礎学校（Peruskou-lu）内でいかに特別な支援を組織的・予防的に活用するかが注目される。

　北欧の基礎学校主体のインクルーシブ教育においては，スウェーデンにおける知的障害児の通常学級における参加の保障，第2節で紹介したノルウェーにおける教員による集団省察と課題分析のためのLPモデルや積極的行動支援のための体制としてのPALSが具体的な方法として開発されていた。このように，学級におけるインクルーシブ教育を具体化する多様な方法の試行が日本の第三の課題であろう。

（4）インクルーシブ教育専門の教員

　筆者が訪問したスウェーデンの学校では，特別教育家（組織支援，教職員への助言など指導者以上の役割を担う専門家：第7章参照）の勤務時間の50％をコーディネーターやスーパーバイザーとしての時間と位置づけて，学校組織全体に対

する提案を行ったり，各教員が個別教育計画を作成する際の助言を行ったりする役割を担っていた。学校体制全体を俯瞰してインクルーシブ教育の観点から対話できる特別な教員の専門性が今後も求められていくであろう。これらからインクルーシブ教育を推進できる教員の養成とその専門性の検討が第四の課題である。

　インクルーシブ教育の具体化は国によって異なっているからこそ，どうすれば日本におけるインクルーシブ教育として，社会的に不利な立場にいる人や障害のある人など，特別な教育的ニーズのある人の教育を保障しつづけられるのか，その方略を見出そうとする議論の過程をこれからも注視していきたい。

〈注〉
⑴　法律制定には結びつかなかったものの1946年のスウェーデン社会庁報告書で検討されていた（河東田，2005）。
⑵　とくに医学分野を中心に注意欠陥ではなく注意欠如という用語を使っている。

〈文　献〉
グラニンガー，ジョーラン／ロビーン，ジョン（著）　田代幹康・ロボス，シシリア（訳著）　2007　スウェーデン・ノーマライゼーションへの道―知的障害者福祉とカール・グリュネバルド―　現代書館
河東田博　2005　新説1946年ノーマライゼーションの原理　立教大学コミュニティ福祉学部紀要，**7**，13-23.
花村春樹　1998　「ノーマリゼーションの父」Ｎ・Ｅ・バンク‐ミケルセン―その生涯と思想―　ミネルヴァ書房
文部科学省　2003　今後の特別支援教育の在り方について
文部科学省　2012　共生社会の形成に向けたインクルーシブ教育システムの構築のための特別支援教育の推進
ニィリエ，ベンクト（著）　河東田博・橋本由紀子・杉田穏子（訳編）　1998　ノーマライゼーションの原理―普遍化と社会変革を求めて―　現代書館
障害を理由とする差別の解消の推進に関する法律（平成二十五年法律第六十五号）
杉山登志郎　2009　第一章　発達障害から発達凸凹へ　杉山登志郎・岡南・小倉正義

ギフテッド―天才の育て方―　学研教育出版

ヴォルフェンスベルガー（著）　中園康夫・清水貞夫（編訳）　1982　ノーマリゼーション―社会福祉サービスの本質―　学苑社

Department for Education and Science　1978　*Special educational needs: Report of the committee of inquiry into the education of handicapped children and young people.* London: HMSO.

Kiuppis, F., & Hausstätter, S. R.　2015　Inclusive education for all, and especially for some? On different interpretations of who and what the "Salamanca Process" concerns. In Kiuppis, F. & Hausstätter, S. R. (Eds.), *Inclusive education twenty years after Salamanca.* New York, NY: Peter Lang.

Nes, K.　2016　Inclusive education and exclusionary practices in Norwegian schools. In Dovigo, F. (Ed.), *Special educational needs and inclusive practices: An international perspective.* Rotterdam: Sense Publishers.

Nirje, B.　1969　The normalization principle and its human management implications. In Kugel, R. & Wolfensberger, W. (Eds.), *Changing patterns in residential services for the mentally retarded.* President's Committee on Mental Retardation. Washington D.C.

Rosenqvist, J.　2003　Integreringens praktik och teori.: SOU 2003: 35. *För den jag är. Om utbildning och utvecklingsstörning. Delbetänkande av Carlbeck-kommitten.* Stockholm, s. 255-274.

SFS　1967: 940　*1967 års omsorgslag lagen angående omsorger om vissa psykiskt utvecklingsstörda.*

The European Agency for Development in Special Needs Education　2007　*Gifted learners: A survey of educational policy and provision European agency for development in special needs education.*

UNESCO　1994　*The Salamanca statement and framework for action on special needs education.* World conference of special needs education: Access and quality.

UNESCO　2009　*Policy guidelines on inclusion in education.*

○ **Web サイト**

外務省　2018　障害者の権利に関する条約（略称：障害者権利条約）　公式 Web サイ

ト　https://www.mofa.go.jp/mofaj/gaiko/jinken/index_shogaisha.html（2020年5月5日参照）

障害保健福祉情報システム　2013　ノーマライゼーション（normalization）http://www.dinf.ne.jp/doc/japanese/glossary/Normalization.html（2020年5月5日参照）

United Nations　1971　*Declaration of the right of mentally retarded persons* http://www.ohchr.org/Documents/ProfessionalInterest/res2856.pdf（2020年5月5日参照）

第2章 教育におけるインクルージョンの概念
――学校との関係から

眞城知己

本章のねらい

　教育におけるインクルージョンの概念は世界共通の定義をすることができない。各国や地域における教育制度の状態が大きく異なっているからである。そして，「プロセスの状態」を表すことしかできないというインクルージョン概念自体の性質もわかりにくさの原因である。インクルージョンの概念は，最終の到達目標を示し得ない概念なのである。本章では，教育におけるインクルージョンの概念について，この概念が誤解される原因にふれるとともに，インクルージョン概念が継続的な学校改善への視座をもち，教育的ニーズの多様性を包含する範囲を拡大するプロセスであるという本質への理解を促したい。

1　教育におけるインクルージョンの定義は統一できない

　意外に思われる人が多いかもしれないが，インクルージョンには全世界で統一された制度的定義が存在しない。正確に言えば，統一した定義をすることができないのである。インクルーシブ教育の概念定義もじつは「状態を表す」ことしかできない。これは国連が用いる教育におけるインクルージョンの概念が，国や地域ごとに大きく異なる基礎教育制度を広くカバーせざるを得ないためである。そのため，サラマンカ声明（UNESCO, 1994．第1章参照）をはじめとして機に応じて国連が表明するインクルージョンに関する方向性は，ゆるやかな枠組みを提供することしかできないのである。

　その結果，教育におけるインクルージョンの概念や制度的定義は，各々の国や地域の教育制度の状態に応じて，その基本構成要素を含みながら具体化を図ることになる。そこで各国では国連の文書を「解釈」する。その際に，それぞれの国における基礎教育の整備状況や特別教育（日本で言う特別支援教育）の蓄積，その他の障害者を巡る社会的状況，さらには私的に政治活動を行う様々なロビー団体による働きかけが外的変数として影響を与える。また，インクルージョン概念を各国の社会状況や各種制度に整合性がとれるように翻案できない場合も多く，そのことが結果的に各国語間で「翻訳できない」状態を生じさせる結果となっている。日本においても国連の各種文書や声明について，「誤訳」として指摘される現象がしばしば見られるのは，日本の現行の制度文化との不整合が存在するためやむを得ない面があることは理解しておくべきである。

　さて，インクルージョンの概念を正しく理解する上で，背景となる制度・文化が国や地域で異なるといっても概念の基本要素として含まれるべき共通項は存在している（真城，2011a）。ところが，各国固有の外的変数の影響がインクルージョン概念の基本要素を正確に位置づけることよりも上回ってしまうことがある。

　こうしてインクルージョンの概念を各国の制度に具現化する上で必要不可欠の要素（「プロセス」についての言及など）が欠落した定義や，インテグレーション（第1章参照）など従来の別概念と混同した定義，さらには恣意的に定義（らしき）ものを提起したものなどが多数登場することになり，とくに日本においては相当の割合で不正確な，すなわち含まれていなければならない基本構成要素が欠落したインクルージョン概念が拡散してしまうのである（真城，2011b）。教育や社会におけるインクルージョンの最終ゴールを提示している定義もよく見られるが，インクルージョンの概念は理論的にプロセスしか表現できないため（Topping, 2011），「到達点」が明示されている定義には，必然的に概念理解が不正確なものが多い。

　こうした状況は，サラマンカ声明の文言解釈に終始してその基本的背景の理解が不足していたり，インクルージョンの概念がなかなか理解しにくかったり

することにも一因がある。以上を念頭に，本章では学校におけるインクルージョンの基本概念について理解することにしたい。

2　インクルージョンの概念への誤解が生じる理由

（1）それぞれの国や地域の状況とインクルージョン

　日本も含めて教育におけるインクルージョンについての考え方は，ユネスコのサラマンカ声明における言及をもとにして説明されるのが一般的である。これは世界各国で共通している。

　しかし，国連からの発信を受けている国や地域の教育の状況は，義務教育制度自体が成立していない国から，就学前教育から高等教育までを国民の半数以上が享受できる国まで大きな幅がある。子どもに対する基礎教育の機会が用意されていない国や地域では，障害や特定民族などの属性が一部対象者への教育機会の非提供の特定要因とならないため，そこにはインクルージョンの問題が生起し得ない。雑な表現をするなら，インクルージョンの問題が生じる以前の段階なのである。これから基礎教育の整備を図る段階にあるこのような国や地域の場合には，制度設計当初から特定の属性を有する子どもが一般教育制度から排除されないように留意することがサラマンカ声明の趣旨を反映することとなる。

　教育からの排除の問題をインクルージョンの視点から定義するには，排除対象が特定の属性を有している，または特定の属性を有していないという条件の存在が前提となる。もう少し具体的に言えば，前者は「障害」などの特定の属性を有している対象が，その属性を理由に教育機会の公平な享受ができない場合が例として挙げられるし，後者は基礎教育の対象となるために一定の社会階層という属性を有していることが必要とされる場合に，その社会階層に属していない子どもが教育機会を得られないといったことが例となる。

　また，義務教育制度が成立しているなど，一定の水準で基礎教育制度が用意されている国や地域の場合には，そこでの特別教育（special education：日本の

場合には2006年度までの特殊教育が該当）の歴史的蓄積によってインクルージョンの問題の特徴が異なる。

　たとえば，肢体不自由と知的障害のいずれもが重く，かつ常時医療を必要とする最重度の障害のある子どもについて，日本では提供される教育機会の妥当性にかかわる議論はあるものの，彼らは基本的人権の一つとして例外なく日本の学校教育の対象として教育を受ける権利が保障されている。しかし，世界中で日本ほど重い障害のある子どもたちが学校教育の対象になっている国はきわめて少なく，一般に国際比較等において優れた教育成果を上げていると評される教育先進国でさえ，そうした子どもたちが教育対象から除外されている国の方が圧倒的に多い。これは基礎教育段階における日本の学校教育制度が様々な意味で世界最高水準に整備されていることを示している。

　最重度の障害のある子どもたちが，学校教育において設定されている教育の目標を達成するためには，通常用意されている教育的対応以外に，多くの追加された，あるいは異なる対応が用意されることが不可欠である。これらを通常学校のみで用意することには様々な点で限界があるため，特別教育（特別支援教育）の制度に根拠を得た対応が用意されてきた。またそれらの対応（これを国連では社会資源の一つとして捉えている）を有効かつ確実に届けるために特別学校（特別支援学校）や特別学級（特別支援学級）の制度を整備してきた。これは特別なニーズのある子どもたちが，サラマンカ声明で言うところの一般教育制度に包含される教育制度の状態であることを意味している。

（2）一般教育制度への参加

　この点について，サラマンカ声明が出された直後にはとくに教育におけるインクルージョンの考え方について誤解が多かった。それは特別学校の存在がインクルージョンに反するという主張に代表されるが，サラマンカ声明でも明示されているように特別学校の存在はインクルージョン概念とまったく矛盾せず整合性を有している。各国における初等中等教育制度の構造は異なっており，それらの総体として一般教育制度（general education system）の用語が使われ，

その下で教育の機会自体がすべての子どもに保障されており，かつ特定の対象者が受ける教育の質が明らかに他の教育機会よりも劣悪な質でない限り，教育制度上のエクスクルージョン（exclusion：排除）とは見なされないからである。[1]この点については現在でも「通常学校以外への分離はエクスクルージョンである」との主張を崩さない立場があるが，たんに異なる教育の「場」だけに焦点を当てて，「一緒でない」ことをもってエクスクルージョンであるとの論を展開することは，インクルージョンの概念に照らして考えると，妥当性に欠けてしまう。国連では，あくまでも特定の属性のある対象が受ける教育の質が，その他の多数が受ける教育機会よりも意図的に低いもの（不十分な学校の施設・設備，不十分な教育課程，指導力の不十分な教員など）にされているのでない限り，同年齢の子どもが受ける教育機会に様々な場が存在していることを問題視しないし，ましてそれをエクスクルージョンであるとは捉えていないのである。

　さもなければ，ドイツのように職業教育を分離型制度で用意している国の制度は，制度構造自体がエクスクルージョンであるということになってしまう。同様に，前期中等教育段階（日本ではおよそ小学校高学年から中学校の年齢層が対象）で職業教育を旨とする学校を選択する制度を擁する国なども，同学年に占める同種校選択者の割合が比較的少なかったり，それらの子どもたちの蓋然的教科学力平均が低かったりするなどの「少数性・低位性」属性が伴えば，エクスクルージョンであるとする論理を導くことになりかねない。これは統合・分離論の枠組みがインクルージョンとは異なるパラダイムを有しているためでもある。この点についての詳細は別の機会にあらためて論じることにするが，いずれにしても学校におけるインクルージョンの考え方は，単一学校制度を前提としたものではなく，特別学校も含めてその国や地域における基礎教育にかかわる教育機会全体（これを一般教育制度とユネスコは呼ぶ）に参加することができていれば，そこから排除された対象とは見なさないのである。「インクルージョンの観点からは分離型教育制度は否定されるべきものである」との論を展開する場合には，相対的少数に対して提供される教育機会において総じて有利な点が存在しない（つまり不利な点しか存在していない）ことを証明できなければ論

が成り立たない。ユネスコがインクルージョンの推進に際して，一見「みんなのための学校（a school for all）」を志向しているように見えつつ，たとえば障害のある子どもを対象にした特別学校を，他の学校種では提供できない「専門的教育」を提供する教育機会としての質の高さを根拠に国連ではインクルージョンにかかわる社会資源として捉えているのは，上記の条件成立が国や地域によって異なっていることが背景にあるからなのである。

（3）最重度の障害のある子どもとインクルージョン

　さて，日本では最重度の障害のある子どもも一般教育制度に包含しているが，上述したように，そもそも彼らを学校教育の対象としていない国は少なくない。特別学校制度を有する国だけでなく，特別学校を廃止して原則として「すべての子ども」が地域の通常学校に通っていると説明している国でさえ，最重度の障害のある子どもがじつは「すべての子ども」に含まれていない場合が一般的に存在していることを十分に認識しておくべきである。OECD の国際比較の中でのインクルージョンにかかわる内容も，実際には各国間で同じ基準での比較ではないことに留意しなくてはならない。たとえば，通常学校と通常学校以外の特別な教育の場における特別なニーズのある子どもの在籍割合は，各国におけるインクルーシブ教育の進展状況を比較するためによく引き合いに出されるが，重い障害のある子どもの中に学校教育の対象になっていない子どもがどのくらい存在しているのかを示してその影響を考慮しながら比較を行わない限り，より重い障害をもった子どもに教育を保障している国ほど，特別な教育を受ける子どもの割合が高くなり，インクルージョンの進展が「遅れている」ように見えてしまう。日本は最重度の障害のある子どもたちが教育対象とされていない国よりも，インクルージョンの「割合」が数値上低く表現されるということである。なお，近年の国際比較統計においては，インクルージョンに関する比較と表現されているが，言うまでもなくこれは正確にはインテグレーションの国際比較であることにも留意されたい。

　さて，しかしながら，通常学校以外の教育の場における特別な教育的ニーズ

のある子どもの在籍割合が高いことをもって日本の特別支援教育が国際的にインクルージョンの推進において後れをとっていると評することが不適切なのは明白である。教育を受ける権利を保障されている子どもの範囲が広いことは，国の教育制度がそれだけインクルージョンの性質を備えていることを意味しているからであり，サラマンカ声明で言うところの「一般教育制度への包含」が重度の障害のある子どもに対して実現されているということを示しているからである。もちろん，それをもって日本での学校におけるインクルージョンの課題がすでに解決できていると評価できるわけでもない。学習機会への実質参加（真城，2012）が保障されていなければならないからである。

　このように最重度の障害のある子どもたちを含めた学校教育制度においてインクルージョンの整備を進めようとする国の場合と，そうした子どもたちに学校教育の機会を提供していない国の場合とでは自ずと様相は異なる。まして，就学率が極端に低い，すなわち学齢期の大半の子どもが教育を受けられていない国や地域のことを念頭に置けば，教育におけるインクルージョンの定義を各国共通で一様に行うこと自体に無理があることは容易に理解できるはずである。現に世界で教育の機会を得られていない子どもは，日本で言う初等教育と前期中等教育段階を合わせて1億2000万人もいる。後期中等教育段階まで含めれば2億6000万人もの子どもが教育の機会を得ることができていないと推定されている（UNICEF, 2017）。こうした子どもたちが生活する国や地域では，とりわけ障害のある子どもが不利な条件に置かれやすいことに留意が必要であるとはいえ，学校教育制度が一定水準に整えられている国と同じインクルージョンの定義を用いても何ら実態の解決は導かれない。

（4）過度の語義的な理解や恣意的な解釈の問題

　結局のところインクルージョンの問題は各国でどのように学校教育制度が整えられてきたのかを反映することになる（Armstrong et al., 2011）という指摘に象徴されるように，学校におけるインクルージョンの問題は，その国の教育制度の状況によって定義自体が異ならざるを得ないのである。

　繰り返しになるが，義務教育制度自体が整備されていない，あるいは就学率が低い国や地域においては，たとえば障害のある子どもの教育におけるインクルージョンの問題というのは就学の機会自体が得られるかどうかにその子どもの障害の有無が影響している場合に顕在化する。つまり，教育機会の不提供という様態が「障害」を理由にして生じている場合に，国連が指摘する一般教育制度からの排除が顕在化するということである。一定水準の基礎教育制度が整備されているものの不就学となっている子どもの不就学理由に「障害」が明記されている場合も，これに準じて一般教育制度からの排除がなされる構造を有しているとしてインクルージョンにかかわる問題があると見なされるのである。こうした状況に対しては，インクルージョンの対語としてのエクスクルージョンが成立する。

　サラマンカ声明において，また，障害者の権利に関する条約（障害者権利条約）においても，教育におけるインクルージョンの具体的な様態が国や地域によって異なることが認識されているのは上述してきたような理由が背景にある。それにもかかわらず，日本ではサラマンカ声明や障害者の権利に関する条約におけるインクルージョンの訳やその語義的理解に焦点が当てられすぎているばかりか，これを自らがそれまでに主張してきた論点に引きつける概念の恣意的な解釈が後を絶たない。このことがむしろユネスコが用いようとしたインクルージョンの考え方の本質的な理解を妨げることにもなってしまっている。

3　教育におけるインクルージョンの概念の理解のために

（1）インクルージョンを「是」とする暗黙の前提

　教育文脈におけるインクルージョンの定義が多様な視点やイデオロギーを背景に変化してきたことを多くの研究者が指摘してきた（Farrell, 2012）。また，教育におけるインクルージョンの概念が妥当であるかどうかという疑問は，以前より各国の理論研究者の間で指摘されてきたことである（Armstrong et al., 2011；Topping, 2011；Norwich, 2012など）。

　何よりもインクルージョンの考え方を「是」とすることが暗黙の前提であるかのような扱いは，日本においても他の多くの国と同様である。現在，日本でインクルーシブ教育に疑義を呈するような表現をすれば，たちまちのうちに「インクルージョンを否定するなんて差別的な考えだ」「障害のある子どもたちを通常学校から排除しようとしているのではないか」といった声が聞こえてくるのは想像に難くない。

　しかしながら，それらの中にはインクルージョンにかかわる議論の中で登場する「排除（エクスクルージョン）の問題」のトピックを引用しながら「統合（インテグレーション）」論の主張を展開しているものや，近年の，障害を理由とする差別の解消の推進に関する法律（障害者差別禁止法）や障害者の権利に関する条約の批准に絡めて通常学校以外の場における教育機会を否定する論を展開する際に「インクルージョン」を用いているだけのものが少なくない。もちろん，こうしたインクルージョンの用語の不正確，あるいは恣意的な運用は日本だけでの問題ではない。社会的インクルージョンに関する文献が比較的多く発行されているイギリスでも，社会運動に絡む書籍を中心に，それぞれの立場から主張してきた論を補強するのに都合のよいように定義を恣意的に行っているものがあり，そうした文献を引用しながら，「インクルージョンとは」と説明しているものも多い。共通するのは，インクルージョンの考え方への否定的論調に対して，障害のある人たちを含む特定の属性を有するマイノリティを排除する考え方であると批判的に対置することである。

（2）インクルージョンの不正確な理解がもたらすもの

　こうした状況に対して，ウエストウッド（Westwood, 2013）は定義が極端に限定的であるか，あるいは何でもありの広範な定義がされていると指摘しているし，トッピング（Topping, 2011）も「母性やアップルパイに並ぶような"good thing"としてインクルージョンが語られること」を指摘して，インクルージョンの考え方が暗黙是とされることに危惧を表明している。このようにインクルージョンは何か良いものであって否定の余地がないとする捉え方の危

うさを指摘する声はつねにある。それでは，なぜインクルージョンを暗黙是とすることが危惧されるのであろうか。

　端的な答えは，インクルージョンの不正確な理解が，結果的に子どもに不利益となって返ることになるからである。また，誤った制度設計を導いてしまう可能性があるためである。

　たとえば，「統合（インテグレーション）か分離（セグリゲーション）か」という議論は20世紀後半に日本でも盛んだった時期がある。極端な特別学校（当時の特殊教育諸学校）廃止論もその当時には見られたほどである。1970年代に三つの法律を擁して特別学校を全廃したイタリアの取り組みは「トータル・インテグレーション」または「完全統合」という言葉で紹介され，なぜそうしたことが日本で目指されないのかとの主張を展開する強い論考がいくつも見られた。しかし，じつはトータル・インテグレーションは英語圏の研究者が象徴的に用いた英語表記であり，イタリアでの元々の用語がたんなる「学校統合（l'integrazione scolastica）」と表記されていたことからも明らかなように，特別学校と通常学校を物理的に統合しただけのものだったことは当時の日本ではほとんど認識されていなかったようである。イタリアでは「学校統合」制度によって特別学校が廃止されても通常学校が適切な対応を用意できず，そのために発達に遅れのある子どもが小学校で進級できずに原級留置者が学年の1割を超えるまでに急増する問題が生じたことや，重度の障害のある子どもが学校教育の対象外に置かれて教育を受ける権利が剥奪されていたといった深刻な問題が発生し，それが1990年代後半においても継続していたことは筆者も現地調査（2000）で確認している。これにかかわり，そもそもイタリアでの特別学校廃止が財政上の問題で教育予算を削減するために実施されたことが明らかになるや，統合された環境下での分離が進むことへの批判が噴出し，欧州における最悪のインテグレーションであると酷評されたほどであった。

　そして，通常学校への統合に過度に偏重した立場から通常学校と特別学校の「完全統合」や「一つの学校」ですべての子どもを教育するべきであるとの考えの延長上にインクルージョンを論じてしまうと，インクルージョンがいつの

間にか，障害のある子どもをはじめとした特定の属性を有する子どもを「通常学校にいかに適応できるようにするか」，あるいは「通常学校においていかに配慮を提供してもらうか」という論のいずれかまたは双方に帰着しやすくなってしまう。

（3）学校制度を問い直すためのインクルージョン

　教育におけるインクルージョンの考え方の重要性は，既存の教育制度を前提にするのではなく，つねに現在の学校制度を問い直しながら子どもの教育的ニーズの多様性を包含する方策を模索し続けることにこそある。

　通常学校にいかに適応させるかという発想も，通常学校でいかに配慮を提供してもらうかという発想も，いずれも根本的な学校制度のあり方への問いではなく，教育課程への同化主義や運用上の便宜供与にかかわる問題に過ぎない。むろん，これはこれで解決が必要なことではある。しかしながら，教育におけるインクルージョンは，その源が学校改善（school improvement）の流れにおいて子どもの特別なニーズを包含するという国連のプロジェクト（Special Needs in the Classroom）にあることや，さらにその背景に，児童の権利に関する条約（1989年）の中での教育に関する思想があることなどを忘れてはならない。とくに，学校改善の問題が強く意識されたのは，1980年代までのインテグレーション（統合教育）が遅々として進まない状況に対して，より急進的な変化をもたらす学校改善を図る必要に迫られたからでもあった（Ainscow, 1994）。つまり，教育におけるインクルージョンの登場は，子どもが教育を受ける権利を保障できる学校制度の創設や既存の学校制度を改善する流れの上に位置づけられるものなのである。この強い自覚の上に，教育におけるインクルージョンが，継続的なプロセスを表す概念であることの理解が図られなくてはならないのである。

4　インクルージョンと教育財政問題とのかかわり

（1）教育に支払われる費用の差がもたらすもの

　さて，学校におけるインクルージョンの問題は，つねに教育予算の問題とともにあるといっても過言ではない。これは上述したイタリアのインテグレーション（統合教育）が，適切な対応が用意されていない通常学級に障害のある子どもを予算削減のために放り込む（ダンピング：dumping）施策であると世界中から非難を浴びた事例と変わらない問題として続いていることを示している。

　通常学校に通う子ども一人あたりにかかる費用よりも，特別学校に通う子ども一人あたりに要する費用が高くなることは日本ばかりでなく，北欧においても同様である。通常学校の特別学級に通う場合と比べても，特別学校に通う子どもの方が年間に要する費用は高くなる。

　たとえば，デンマークにおいては，障害のある子どもが特別学校に通う場合は年間36万クローネ（約700万円）の費用が自治体から割り当てられるのに対して，通常学校に通う場合には年間22万クローネ（約400万円）が割り当てられるが，後者は週に９時間以上を特別学級での学習活動に参加することが条件である。それよりも短い時間の子どもの場合には，割り当てられる額はもっと少なくなる。こうした費用の差はどのような現象を引き起こしているのであろうか。その概要は以下の通りである（千葉大学真城研究室，2011：及び章末の付記１の科研費プロジェクトによる）。

　デンマークでは，2007年の大規模自治体再編によって，それまで存在したアムト（AMT：およそ日本で言うところの県に相当する行政単位）が廃止されたが，特別学校の多くはアムトが運営していたため，それらの特別学校は所在地の自治体にそのまま運営が移管されることとなった。日本流に言えば，県立の特別支援学校が，市立の特別支援学校となったということである。これに伴って特別学校を保有しない自治体は，近隣の自治体が運営する特別学校に当該の子どもを通わせるか，自らの自治体内の学校で新たに対応を図るかのいずれかを選

択する必要が生じた。

　ここで上記費用の差が判断材料として顕在化したのである。つまり，他自治体の特別学校に通わせる場合には，その自治体は一人あたり年間36万クローネを他の自治体に支払う必要があるが，自治体内の地元の学校で対応すれば，その額を22万クローネまで引き下げることができるということである。その結果，それまで特別学校に他の自治体から通っていた子どもの中には，地元の学校に転校させられる者が出てくるようになった。転校先となった地元自治体では，新たに特別学校を設置したところもあれば，自治体立基礎学校（Folkeskole）に特別学級を新設したところもあった。他校に移籍した子どもの多い特別学校には空き定員が生じることとなったが，それを埋めたのは，「新たに診断をもらった子どもたち」であった。ここで言う新たに診断をもらった子どもたちの大半を占めたのは ADHD や特異的学習障害（SpLD）の子どもである。

　こうした動きの結果，デンマークでは2010/2011年（新年度の開始は 8 月後半からの学校が多い）には特別な対応を必要とする子どもの割合は急増し，学齢児全体の13％にまで上ることとなった。大規模自治体再編による特別学校の移管からわずか数年で急速に，一定の時間以上，特別な教育の場で学習活動に参加する子どもの数が増えていったのであった。

（2）政府の動きと保護者・子どもの思い

　こうして2010/2011年には，義務教育にかかる予算のおよそ 3 割までもを特別なニーズのある子どもに要する経費が占めるようになったのである。デンマーク政府は，13％の子どもが分離された環境にあることを問題視する声明を発表して，2011年に全国の基礎学校におけるインクルージョンの割合を96％にまで引き上げることを目標値として設定して周知した。一見すると，学校におけるインクルージョンに対する高い意識が背景にあるようにも見える方針であったが，その背景にはこうした財政上の理由も大きく影響していたのである。現在，この目標値はおおむね達成されたと判断されたこともあり撤回されているが，各自治体から毎年報告された特別な予算措置を講じている子どもの割合

には，自治体によっては重い障害のある子どもの数をそもそも教育対象として含めていなかったものがあったり，時間数計算が不正確であったりするなど統計データの信頼性にも疑問の残るものであったことも知っておきたい。その要因には，とくに ADHD などの疑いのある子どもをめぐる恣意的な診断や学校での対応をめぐる不確定さが存在している。

　たとえば，保護者の中には追加して特別な予算措置を得るために医師に相談して自らの子どもに「障害がある」旨の診断を発行してもらう人が出てきた。とくに世界的に診断基準の運用が曖昧で誤診が高率で生じていることも指摘されている ADHD の診断を得たいと希望する保護者が増えたことをデンマークの多くの自治体関係者が異口同音に証言している。これは本書の共同著者（真城・石田・是永）の研究グループがおよそ10年の期間をかけてデンマーク全土のおよそ 8 割の自治体で行ったフィールド調査から得られた情報の一つである（章末の付記 2 及び 3 参照）。

　ここで明らかだったのは，保護者や子どもは，必ずしも「インクルージョン」の実現を求めているのではなく，あくまでも自らが得られる教育機会の実質的内容やその提供方法に関心があるということである。そして，自らが求める教育内容や方法が通常学校で提供されている場合にそれがインクルージョンと呼ばれるものであると思っている。自己選択と自己決定，そして自己責任の考え方が文化的特徴の一つである北欧諸国の場合には，とりわけその傾向が顕著であることは多くの自治体を調査する中での教員の証言に共通していた。

（3）教育財政の変動の影響によるインクルージョンの概念の変化

　北欧におけるインクルージョンは，それが統合（インテグレーション）型であるとして紹介されるのが一般的である。たしかに，スウェーデンのような位置的統合が基本の学校配置や，デンマークの基礎学校と特別学校の隣接化による社会的統合の推進など，物理的環境条件としてはインテグレーション型と呼ぶのは間違いではない。一方で，デンマークのように特定の子どもに対する教育予算の偏りを解消する目的で「基礎学校以外で学習活動に参加する子どもの割

合を減じる」という方策をインクルージョンという用語を使いながら進めてしまったために，インクルージョンの概念が以前よりも「場」への関心に偏ったものに置き換えられつつある状況も見られるようになってしまっている。教育におけるインクルージョンの問題を考えるとき，教育財政の視点からの把握が不可欠なのはこうした現実があるからである。

5　教育におけるインクルージョンとは

　最後に，教育におけるインクルージョンについて日本や北欧の現在の学校教育制度の構築状況を背景にして端的に定義すれば以下のように表現することができる。すなわち，教育におけるインクルージョンとは，「教育的ニーズの多様性を包含する範囲を拡大するプロセスであり，それをその方向性をもった学校制度の継続的改善と変容の過程に位置づけた状態」である。

付　記
　　本書の共同著者（眞城・石田・是永）が継続的にデンマークで実施してきたフィールド調査は以下の科研費による助成を受けたものである。
1 ）デンマークにおける地方分権制度とインクルーシヴ教育に関する研究．基盤研究
　　（B）研究代表者：真城知己，研究分担者：石田祥代・是永かな子，2008-2010年
　　度，課題番号：20402069
2 ）デンマークにおける自治体再編の拡大特別ニーズ教育制度への影響に関する研究．
　　基盤研究（B）研究代表者：真城知己，研究分担者：石田祥代・是永かな子，
　　2011-2013年度，課題番号：23402068
3 ）デンマークにおける自治体条件差を包含するインクルーシヴ教育制度構築過程の
　　特質．基盤研究（B）研究代表者：真城知己，研究分担者：石田祥代・是永かな
　　子，2015-2018年度，課題番号：15H05204

〈注〉
⑴　エクスクルージョンという用語は，教育制度上は無期停学や放校といった場合に
　　従来から使用されてきた用語でもあるので，特別ニーズ教育にかかわるインクルー

ジョンの問題におけるエクスクルージョンという用語が使われる際には，別の意味として使われる場合とは区別して理解する必要がある。

〈文　献〉

千葉大学真城研究室　2011　デンマークの地域再編と特別ニーズ教育　DVD 資料

真城知己　2011a　インクルーシヴ教育実験学校の構想―検討課題の設定に向けて―　千葉大学教育学部研究紀要，**59**，1-6.

真城知己　2011b　我が国におけるインクルーシブ教育に向けての動向の整理　特別支援教育研究，**650**，4-6.

真城知己　2012　インクルーシヴ教育実験学校の構想（2）―学校教育目標を考えるために―　千葉大学教育学部研究紀要，**60**，333-339.

Ainscow, M.　1994　*Special needs in the classroom.* Jessica Kingsley Publishers. pp. 6-8.

Armstrong, A., Armstrong, D., & Spandagou, I.　2011　*Inclusive education -International policy & plactice-.* SAGE. pp. 4-7.

Farrell, P.　2012　Inclusive education for children with special educational needs: Current uncertainties and future directions. In Armstrong, D. & Squires, G. (Eds.), *Contemporary issues in special educational needs -Considering the whole child-.* Berkshire, UK: McGraw-Hill Education. pp. 35-47.

Norwich, B.　2012　*How inclusion policy works in the UK(England): Successes and issues.* Open university press. pp. 53-65.

Topping, K.　2011　Conception of inclusion: widening ideas. In Boyle, C., & Topping, K. (Eds.), *What works in inclusion?* Open university press. pp. 9-19.

UNESCO　1994　*The Salamanca statement and framework for action on special needs education.* World conference of special needs education: Access and quality.

UNICEF　2017　The state of the world's children 2017: Children in a digital world. pp. 170-173.

Westwood, P.　2013　*Inclusive and adaptive teaching -Meeting the challenge of diversity in the classroom-.* Routledge. pp. 1, 14.

第3章　学校における子どもの多様なニーズ

石 田 祥 代

> ── 本章のねらい ─
>
> 　本章では，子どもの多様なニーズに関して，複数の視点から分類することを通して，ニーズの捉え方の整理を試みる。なぜならばニーズという概念自体は多側面を有し多義的であり，いろいろな場面で使用することができるという便利さを有している一方で，曖昧で漠然としたつかみどころがない概念にもなり得るからである。そこで本章では，まず辞典・事典におけるニーズの定義を確認する。続いて，教育的ニーズという言葉の日本での使われ方を分析する。この際，特別な教育的ニーズの概念を提起したイギリスにおけるウォーノック報告を紹介する。特別な教育的ニーズは，日本の特別支援教育制度の構築につながる概念である。この概念を理解し，さらに読者がインクルーシブ教育やインクルーシブな学校づくりを検討することを通して，読者の子どもへの観方や子どもが抱える困難への観方が拡がり，変化することを期待したい。

1　ニーズの定義と概念

（1）辞典・事典におけるニーズの定義

　学校における子どもの多様なニーズについて考える前に，ニーズの定義がどのようになされているのか，教育および関連領域の辞典・事典における定義を整理する。

　ニーズという言葉は，『広辞苑』（新村，2013）によれば「必要。要求。需要。」と説明されているが，表3-1に示したように社会福祉学関連の辞典・事

表3-1　社会福祉学関連の辞典・事典におけるニーズの定義

『社会福祉辞典』大月書店　2002年	欲求や要求のことで，人間の体内に生ずる欠乏や過剰から生まれる。…（中略）…社会福祉で使われる場合は，人間が社会生活を営むのに必要なもののことになる…（後略）…。
『現代社会福祉辞典』有斐閣　2003年	必要もしくは要援護性と訳される。…（中略）…さまざまな見解があるが，三浦文夫による次の定義が最も代表的なものである。「何らかの基準に基づいて把握された状態が，社会的に改善・解決を必要とすると社会が認めた場合に，その状態をニード（要援護状態）とすることができる」…（後略）…。
『新版　社会福祉用語辞典』中央法規　2001年	ニーズ（ニード）という言葉にはさまざまな解釈があり，サービス利用者の希望を重視してニーズを定義する立場，専門職の判断を絶対に擁する立場等がある。中立的立場でのニーズの定義は，①本人あるいは家族が援助してほしいと望んでいるもの，②本人あるいは家族が実際に生活上等で困っているもの，③専門職の目で援助が必要と思われるものの総体を指す…（後略）…。
『社会福祉基本用語集（四訂版）』ミネルヴァ書房2002年	福祉サービスに対する必要，要求，需要。社会福祉に対するニーズの場合，とくに福祉ニーズという。具体的には，社会生活を営むうえで必要不可欠な基本的要件を欠く状態をいう…（後略）…。
『現代福祉学レキシコン（第二版）』雄山閣出版　1998年	【福祉ニード】要援護者の社会福祉に対する必要性を量質とも客観的に表す重要概念。三浦文夫は社会福祉ニーズとは「社会福祉の保護なり援助を必要とする状態」とし，それは，また「何らかの理由によって，精神的・身体的・社会経済的に障害を受け，自力でその生活の維持・向上がはかられない状態」と定義する…（後略）…。

典では，『広辞苑』による「必要」や経済学の「需要」の概念とは明らかに異なり，「ある財を購入できる資力を有していることを前提にしないが，『改善・解決が必要である』という社会的な判断が前提」となる（秋元他，2003）。すなわち「必要である」の＋αよりは，「欠けている」の－αの意味合いが強いようである。ただし，辞典・事典により多少定義づけや説明は異なっている。『現代社会福祉辞典』（秋田他，2003）のように，三浦文夫による定義をもって説明されることも多い（表3-1参照）。

　岡本（2013）は，社会福祉分野の基礎的な概念であるニーズを福祉ニーズと呼称し，福祉ニーズは「社会福祉が対象とする問題」に相当すると捉えている。そして，福祉ニーズが満たされているということは，基本的に，何らかの「望ましい状態」すなわち生活において必要なものが欠けていないような状態であると言及する。ただ，福祉ニーズの場合は，いわゆる贅沢な物は対象とならず，

表3-2　『特別支援教育大事典』におけるニーズの定義

【ニーズに応じた教育】子どもの抱える教育上のニーズを明らかにして，そのニーズにたいしてサポートを提供する教育を意味する…（後略）…。
【ニーズ論】子どもの障害の有無でなく，子どもの抱える教育上のニーズに対応して教育指導を組織するとした場合，そのニーズの認定・判別，調査・測定・評価，優先度，さらには構造などをどのように考えるべきかを問うのがニーズ論である…（後略）…。
【特別な教育的ニーズ】特別な教育的ニーズとは，子どもを教育していくにあたり，通常の一般的におこないうる教育的配慮では発達を保障することにならないために，特別に求められる教育指導ならびにサービスや教育の諸条件整備を必要とするニーズと定義できる…（後略）…。

（出所）茂木他（2010）

一般的に見て生活に必要とされるような物が欠けていない，望ましいとされる状態に限定されるとし，理論背景にノーマライゼーションの考え方がある。『社会福祉辞典』（誠信書房：仲村他，1968）の初版は1968年であり，社会福祉分野では1960年代後半にはすでにニーズという言葉が使われていたことがわかる。以降，概念が拡大したり新たな定義が加わったり派生したりしながらも，社会福祉を考える上で基礎となる概念として定着してきた。

　その一方で，近年多くの公文書や専門論文で使われているにもかかわらず，教育分野の主だった辞典・事典で「ニーズ」あるいは「教育的ニーズ」の項目はほとんど見られず，『特別支援教育大事典』（茂木他，2010）によってのみ表3-2のように「ニーズに応じた教育」「ニーズ論」「特別な教育的ニーズ」について言葉の説明がなされている。同事典で，ニーズ論に関して，今日までのところ，一定の理論枠が提起されているとは言いがたい，と指摘されており，教育分野におけるニーズ概念のさらなる検討と定義づけが今後必要であろう。本章では，インクルーシブな学校づくりについての諸要件を検討するにあたり，教育分野のニーズについて，もう少し整理を行いたい。

（2）ニーズ概念の曖昧さと便利さ

　教育分野における「ニーズ」という用語の使われ方をあらためて考えてみたい。先日，特別支援教育の現行制度における定義を大学の講義で取り上げたところ，入学したばかりの大学1年生から「ニーズの意味するところがよくわか

りません。具体的には何を指していますか」との質問があった。発達段階や学習習熟度はもちろんのこと，就学している学校の設備，学校および教室への人員配置，さらには家庭のバックアップ，学校のある市町村や都道府県における教育制度の運用などは子どもによって異なっており，それゆえ，「幼児児童生徒一人一人の教育的ニーズ」（文部科学省，2005）＝○○○○と総体として明確な別の用語に置き換えることは難しい。

　特別支援教育の説明に用いられている「幼児児童生徒一人一人の教育的ニーズ」を噛み砕いて言えば，ある子どもが学校で勉強し学校生活を送る上で現在不足しており，しかし特別支援教育の観点からは必要とされること，と説明できるかもしれない。このように，ニーズという言葉が意味することは，たとえば「文字を読み書きするのにやや時間がかかるため特別な支援が必要」や「在籍学級では気が散って算数の勉強に集中できないため特別な支援が必要」のように，その子どもにとって必要とされることに関する別の言葉に置き換えない限り，漠然としており，抽象的である。そのため，「ニーズ」という言葉には，なんとなくわかったようでわからないという曖昧さが残るのであろう。

　また，公的文書や専門論文，教科書などによって，「ニーズ」という用語の使われ方が異なる点も曖昧さを後押ししている。徳永（2005）は文部科学省の「2004年　小・中学校における LD（学習障害），ADHD（注意欠陥／多動性障害），高機能自閉症の児童生徒への教育的支援体制整備のためのガイドライン（試案）」で言及される「ニーズ」という用語の使い方を分析し，①「特別なニーズのある子ども」という使い方で，従来であれば「障害がある子ども」とするところを，このように表現している，②「一人一人の教育的ニーズに応じて」「一人一人の教育的ニーズを把握して」と，実態把握や障害特性の把握に類似した意味で使っている，③「多様なニーズに対応する」と，教育だけでなく，医療や福祉を含めた支援について記述する際に使っている，④「保護者のニーズ」や「学校のニーズ」と，「要望」に類似する意味で使っている，という四つの使い方が主になされているとした。

　そして，異なる文脈で，異なる言葉との組み合わせで「ニーズ」が使われ，

それぞれに意味することが異なるとし，次の三つに整理している。①ニーズが
ある子どもか否かというように，子どものカテゴリーとして使用する場合，②
手立てや支援の明確化の手続きを説明する場合，③要望や希望，期待を意味す
る場合の3タイプである（徳永，2005）。

　本書の著者の一人である眞城（2003）は，日本に特別支援教育制度が導入さ
れるよりも前に，ニーズという用語を安易に用いる危険性を「もし環境要因が
考慮されないのであれば，特別な教育的ニーズ論は特別な教育的ニーズをもつ
子どもという，単に広範囲なカテゴリーを作るだけになりかねない」と指摘し
た。その後，日本で特別支援教育制度が始まり，学習指導要領が改訂される中，
ニーズ概念について公的に定義づけがなされないまま，「教育的ニーズ」や
「多様なニーズ」という言葉が用いられてきたという経緯がある。その背景と
して，1978年にイギリスのウォーノック報告で提唱された特別な教育的ニーズ
の概念が日本で特別支援教育を導入するにあたり影響を及ぼしたことや，教育
に隣接している社会福祉分野で「ニーズ」が基幹的概念として多用されている
ことなどを挙げることができるだろう。

　以上のような議論は，じつは，社会福祉分野でニーズ概念が着目され始めた
1970年代にも持ち出されている。京極（1977）は「社会福祉学でいう『ニー
ズ』はその訳語として『必要』『欠乏』『欲求』などがあるにもかかわらず多く
は生のまま使われている。その理由は，社会福祉のいわゆる対象者の複雑な主
体的・客体的ニーズを適当な言葉に訳しにくい困難さにある」と言及している。
また，前田（1976）も「社会福祉分野におけるニードという用語の使い方，あ
るいはこの語の理解の仕方は，非常に漠然としており，したがってたいへん幅
の広い意味に用いられている。そのため，一面においては便利な言葉であるが，
他面ではその意味するところが曖昧で，厳密さに欠けている」としている。

　これまで見てきたように，ニーズは，教育分野でも社会福祉分野と同様に，
意味や定義の厳格さに欠けているようである。その一方で，子ども一人ひとり
に必要とされることやもの，そして，そのための支援などをまとめて言いたい
ときに使うことができる便利な用語であり，本書でもニーズという用語を使用

している。別の考え方をすれば，ニーズという言葉の曖昧さを具体的にしていくことを通して，我々は子ども一人ひとりの多様性に注目することができ，一人ひとりにとって何が必要かを考える機会になるのではないだろうか。

2　教育的ニーズとは

（1）特別支援教育制度のキーワードとしての教育的ニーズ

　本節では，日本における特別支援教育制度の中で，ニーズが，どのような文脈で用いられているのかを整理する。

　「ニーズ」という用語は，教育学，とくに特別支援教育学の領域では，以前は「ニーズ」の単数形の「ニード」や「必要性」，「教育学ニーズ」などのように呼称されてきた。現在のように，「ニーズ」がキーワードとして頻出するようになったのは，特別支援教育制度の導入前後であるが，国立情報学研究所の検索サイトで「子どものニーズ」を検索すると特別支援教育関連で古いものとして「養護学校の授業と教師の役割」という論文がヒットする。井谷（1986）は同論文で「教科や領域の研究と子どもの実態の把握と教師の力量形成があいまって授業が成立する。その包括的力量と子どものニーズに応じて授業形態も変化してくる」と言及している。

　日本では，ごく最近まで，どちらかというと特別支援教育の文脈で，特別な支援が必要な子どもと教育的ニーズを結びつける傾向にあった。それには，特別支援教育の制度化に伴い「ニーズ」という用語が文部科学省による特別支援教育の定義として使用されたことが影響しているだろう。すなわち，2001年の「21世紀の特殊教育の在り方について（最終報告）」では，日本の特殊教育の発展について「これからの特殊教育は，障害のある幼児児童生徒の視点に立って一人一人のニーズを把握し，必要な支援を行うという考えにもとづいて対応を図ることが必要」とし，「児童生徒の特別な教育的ニーズを把握し，必要な教育的支援を行うため，就学指導の在り方を改善することが必要」と述べられている。また，2003年「今後の特別支援教育の在り方について（最終報告）のポ

イント」では，「教育の方法論として，障害のある児童生徒の一人一人の教育的ニーズを専門家や保護者の意見をもとに正確に把握して，自立や社会参加を支援するという考え方への転換が求められている」と現状認識を挙げ，「障害の程度等に応じ特別の場で指導を行う特殊教育から障害のある児童生徒一人一人の教育的ニーズに応じて適切な教育的支援を行う特別支援教育への転換を図る」と基本的方向を示した。

　このような調査や審議を経て，学校教育法の一部を改正する法律が2006（平成18）年3月7日に公布，2007（平成19）年4月1日に施行され，従来の盲学校・聾学校・養護学校は一本化され特別支援学校になるとともに，小中学校等で，LD・ADHD等を含む障害のある児童生徒等に対して適切な教育を行うことが規定された。本法の施行に伴う文部科学省（2007）による通知「特別支援教育の推進について」では，「特別支援教育は，障害のある幼児児童生徒の自立や社会参加に向けた主体的な取組を支援するという視点に立ち，幼児児童生徒一人一人の教育的ニーズを把握し，その持てる力を高め，生活や学習上の困難を改善又は克服するため，適切な指導及び必要な支援を行うものである」，また「特別支援学校制度は，障害のある幼児児童生徒一人一人の教育的ニーズに応じた教育を実施するためのもの」であるとされ，教育的ニーズという言葉が特別支援教育における子どもの多様な教育上の困難さや制限，それに対する教育的援助を表す言葉として使われている。

（2）ウォーノック報告における特別な教育的ニーズ

　ここで，第1章でも触れているウォーノック報告についてあらためて言及しておく必要があるだろう。ウォーノック報告では，特別な教育的ニーズという概念が提起され国際的に拡大し，日本における特別支援教育の考え方にも大きな影響を及ぼしている。そのため，同報告における特別な教育的ニーズという概念について知ることは，本書が目指すインクルーシブな学校づくりにかかわる子どもの多様なニーズについて考える手掛かりとなる。

　ウォーノック報告を受けてイギリスでは1981年に教育法が制定されたが，そ

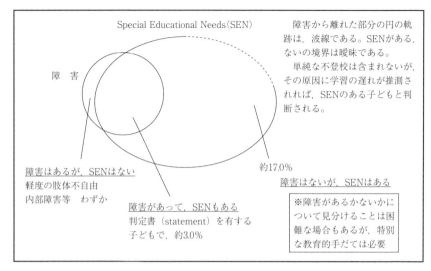

図 3-1　「障害」と SEN の概念の重なりと違い

(出所) 徳永 (2005：59)

　の当時ノーマライゼーションの理念が熟成し，教育分野でインテグレーション
実践が推進されている国際的動向の中，ウォーノック報告の中で新たに提起さ
れた「特別な教育的ニーズ」概念は国際的にかなり注目を浴びた。当時，画期
的であったのは，診断・判定された障害 (disability) のみを取り上げることな
く，教育上の困難さや活動の制限を取り上げ，そのための教育的援助について
言及されており，教育学的概念として特別な教育的ニーズ (SEN) が議論され
たことである。つまり，学習における困難さや特別な教育的手立てが SEN 概
念には含まれている。障害と特別な教育的ニーズの関係性がわかりやすく図示
されている徳永による図をご紹介したい (徳永，2005)。図 3-1 に示されてい
るように，特別な教育的ニーズ (SEN) と障害は大部分重なってはいるが，障
害有り＋SEN 有り，障害有り＋SEN 無し，障害無し＋SEN 有りのように障害
の有無と特別な教育的ニーズは必ずしも同じではない。

　教育法の制定以降，1988年教育改革法 (Educational Reform Act)，1989年子ど
も法 (Children Act)，1993年教育法 (Education Act)，2001年特別な教育的ニー

ズと障害法（Special Educational Needs and Disability Act）が制定され，「特別な
ニーズのある子ども（children in needs）」という概念が加わるなど，ニーズの
もつ意味合いに多少の変遷を伴いながら現代に至るまで，特別な教育的ニーズ
はイギリスの教育および福祉の考え方の中心に位置している。ところで，「特
別なニーズのある子ども」とは，子どもの人権や発達保障の観点から特別な
ニーズがあり，そのために福祉サービスが提供されるべき子どもという意味合
いが強く，子どもの生活を取り巻く環境要因に焦点が当てられていることが理
解できる。インクルーシブな教育やインクルーシブな社会を培うためには，こ
のような「特別なニーズのある子ども」の視点も子どもの多様なニーズの一つ
として加える必要があるだろう。本書では，第6章から第9章にかけて，学校
の中で特別なニーズがあると考えられる子どもをどのように包含していくのか，
について北欧各国の研究者による提言がなされている。

　さらには，『特別支援教育大事典』（茂木他，2010）では特別な教育的ニーズ
について「何が特別な教育的ニーズを構成するかは，特定社会の科学・文化の
発展に規定されて相対的なものであり，文化を異にしたり，科学や経済発展を
異にする国により違い，グローバルなものではない。また，特別な教育的ニー
ズは子どもの生活が生活年齢の上昇にともなって生活営為の中心が変化するに
つれて変化する。さらに，特別な教育的ニーズは通常の教育の実態によっても
違ってくる。なお，特別な教育的ニーズは，裏返せば，特別なサポートであり，
特別な教育的ニーズの必要性と特別なサポートの必要性を切り離すと，特別な
教育的ニーズを診断・判定されても，特別な教育的サポートが提供されないと
いうことになる。」と言及されるように，構成する要素は文化的背景や子ども
の発達・成長により変化するものである。我々は，このような考え方を念頭に
置いておくことで，子どもたち一人ひとりの多様なニーズに耳を傾け，それら
に対応して総合的かつ適切な支援を行っていくスタートラインに立てるのでは
ないだろうか。

3　子どもの多様なニーズとは

（1）学校で子どもが有するニーズを構成する困難や制限

　『特別支援教育大事典』（茂木他，2010）によれば，ニーズは，①心理的には「要求」として把握できることから，人間の心理的要求を充足するような教育が「ニーズに応じた教育」となり，②ソーシャル・ニーズとして人間の社会生活での基本的な必要・要求とも理解できることから，教育上での必要なソーシャル・サポートの提供を伴った教育も「ニーズに応じた教育」とされている。そして，特別な教育的ニーズに関する一連の議論から，我々は①学習における困難さを踏まえた教育・支援を検討し，②学習における困難さの原因として個人的要因だけでなく教員等の環境側にも要因があり，環境の要因が改善されれば困難さは減少する（徳永，2005）ことを学んだ。特別な教育的ニーズについて先行研究を踏まえて概念を分析した尾上・辻（2016）は，教育におけるニーズは①目的，②子どもの特性，③学習手段・内容から構成され，環境要因として様々な要素が複雑に絡んでいると小括した。以上のような既往の研究に，社会福祉学で導入されているミクロとマクロの視点を加えて整理すると表3-3のように子どもが有するニーズを挙げることができる。

　学校が直面する困難や制限は，個人が抱える困難や制限といったミクロなものから，法律や制度，政策といったマクロなものまで幅広い。『社会福祉用語辞典』（山縣・柏女，2013）では福祉ニーズを説明する中で，「社会福祉の領域における福祉ニーズ，またはソーシャル・ニーズは，社会生活を営むのに必要な基本的要件の充足ができない場合に発生する。ミクロ的視点からは，個別ニーズとして捉えられ，個人，家族などが社会生活上の困難を抱えて，基本的ニーズを充足できない場合に，その充足を図るように援助がなされる。マクロ的には，集合的にニーズを捉え，ニーズを充足できない状態を改善しなければならないという社会的認識がある場合に，政策的な対応がなされる」としているが，教育学分野でも同様のことが言えるであろう。すなわち，学校は，学校生活を

表3-3　子どもが有するニーズを構成する困難や制限

構成要因	困難・制限の具体例
子ども自身の病気・障害による困難や制限	・抽象的なことを理解するのが難しい ・マヒがあり書字が難しい ・病気，肢体不自由や弱視で運動に制限がある ・長時間学校で過ごせない ・幻聴がある
子ども自身の行動・社会性・癖による困難や制限	・怒りや混乱が他害につながる ・級友と軋轢が多い ・教室から頻繁に出ていく ・自分の世界に入りがちである
子ども自身の学習目標・自己理想像による困難や制限	・自己肯定感が低い ・卒業後の進路希望と現状のミスマッチ ・当該児の学力や目標と授業のミスマッチ
教員の子どもへの理解や指導方法が抱えている困難や制限	・子どもの授業中の問題行動にどう対処すべきかわからない ・子どもの習熟度が伸びない ・魅力のある授業ができない ・教員の想いや考えがうまく伝わらない
保護者の子どもへの理解が抱えている困難や制限	・子どもが抱える学習上の問題や課題を理解するのが難しい ・子どもの学習への要求が強い ・子どもへのかかわりが少ない
教室・学習環境が抱えている困難や制限	・学級に特別な教育的支援や配慮が必要な子どもが多く在籍している ・視聴覚情報を利用するための整備がなされていない
子どもの校内における周囲との関係性が抱えている困難や制限	・他の子どもと何らかの軋轢がある ・子どもがいじめや疎外感を感じている ・学級担任との関係性が良好でない ・校内に信頼のおける教員が一人もいない
子どもの校外における周囲との関係性が抱えている困難や制限	・放課後に過ごす場所，放課後児童クラブ，子どもひろば等で何らかの軋轢がある ・同じ学校の子どもが通う習い事や塾で何らかの軋轢がある ・いじめに遭っている
子どもの家庭環境が及ぼす影響からの困難や制限	・家族の中に介護や病気等の困難を抱える人がいる ・家庭が貧困である ・家庭内で暴力がある ・子どもが施設に入所している
子どもの居住する地域環境が抱えている困難や制限	・公害がある地域である ・治安が悪い地域である ・被災地である ・医療・保健機関や教育センターなどの教育相談機関が遠い
地方自治体の教育制度が抱えている困難や制限	・子どもが少なく学校数が少ない ・子どもは多いが学校数が少ない ・教職員の確保が難しい

	・環境要因（新興住宅・タワーマンションが建つなど）から急に子どもが増え教室が不足している
	・特別な教育的支援のための資源が少ない
国情や国の教育制度が抱えている困難や制限	・教育費が少ない
	・内戦がある
	・国情が安定しない
	・移民の流入が多い
	・障害児教育制度が整っていない
	・特別な教育的支援のためのサービスが少ない

（出所）筆者作成

営むのに必要な基本的要件の充足ができない場合に，個別ニーズと集合的なニーズを把握し，ニーズを充足できない状態を改善しなければならない。集合的なニーズに関して言えば，学校の尽力で改善できないことも多く，教育責任を負う自治体当局は地域の実態を踏まえて社会資源の開発や国への働きかけに努めなければならない。でなければ，インクルーシブ教育は理想論に終始し，教育現場は混沌とした状況に陥るであろう。

（2）日本の学校と子どもの多様性

　本章で見てきたように，「教育的ニーズ」という言葉は，日本において最近まで障害や特別支援教育と関連づけて用いられることが多かった。しかしながら，学習指導要領を改訂する過程で，用語の使われ方に変化が見られる。すなわち，新しい学習指導要領が目指す姿（文部科学省，2015）として「人生を主体的に切り拓くための学び」では「子どもたち一人一人は多様な可能性を持った存在であり，多様な教育ニーズを持っている」と，また，「育成すべき資質・能力について　発達の段階や成長過程のつながり」で「子どもたち一人一人の個々の発達課題や教育的ニーズを踏まえた対応も重要である」と指摘されるなど，ニーズという言葉（ニーズについて，より理解を深めたい読者は，教育学のみでなく社会福祉学分野のニーズ関連文献・資料も参考にするとよいだろう）は，もはや障害のある子どもや障害の疑いのある子どもに限定して使われているわけではない。いずれの子どもたちも一人ひとり個々の教育的ニーズがあり，それを前

提とした対応が求められているのである。このような概念の転換は，障害あるいは障害の疑いがある子どもが特別支援の対象として浮き彫りになる教育から学校に通うすべての子どもたち一人ひとりのニーズを丁寧に捉える教育への移行であり，インクルーシブな学校づくりがより一層求められている所以であろう。

　言うまでもなく，日本では9年間の義務教育制度に則り，あらゆる子どもが就学するのが原則である。つまり，たとえ同じ年齢であっても成長や発達の段階はそれぞれ違っている子ども，一見すると似ているが好きなことや得意なこと・嫌いなことや苦手なことはそれぞれ異なっている子ども，様々な慢性的な病気やいろいろな障害を有する子ども，家庭の環境やそのときどきの家庭状況によって浮き沈みの見られる子どもなど，学校という建物の中や学級という集団の中には，ニーズや抱える課題が一人ひとり異なる子どもが集まっている。

　したがって，学校および各々の学級に在籍する子どもは一人ひとりが異なっているのが自然であり当然で，学校や学級にはそもそも多様なニーズがあるということが日本の義務教育学校の前提条件としてつねに存在しているのである。教育に携わる教職員や関係者は，まずこの前提となる条件を念頭に置き，学校や学級を捉えることが大切である。本書では，第Ⅲ部において学校現場でインクルージョンをどのように実現するかを主題とし，六つの観方から新たな視点や具体的な実践のためのヒントを提言したい。

〈文　献〉

秋元美世・大島巌・茂野松次郎・藤村正之・森本佳樹・山縣文治　2003　現代福祉辞典　有斐閣

学校教育法の一部を改正する法律平成19年法律第96号

学校教育法昭和22年法律第26号（改正　平成28年法律第47号）

井谷善則　1986　養護学校の授業と教師の役割　大阪教育大学紀要，Ⅳ，教育科学，**35**(2)，259-270.

京極高宣　1977　社会福祉におけるニーズと需要　月間福祉，**60**，42-49.

前田大作　1976　社会福祉におけるニードとデマンド　公衆衛生，**40**(5)，320-324.

茂木俊彦他　2010　特別支援教育大事典　初版　旬報社

文部科学省　2001　21世紀の特殊教育の在り方について——一人一人のニーズに応じた特別な支援の在り方について——（最終報告）　初等中等教育局特別支援教育課

文部科学省　2003　今後の特別支援教育の在り方について（最終報告）のポイント

文部科学省　2004　小・中学校におけるLD（学習障害），ADHD（注意欠陥／多動性障害），高機能自閉症の児童生徒への教育支援体制整備のためのガイドライン（試案）　初等中等教育局特別支援教育課振興係

文部科学省　2005　特別支援教育を推進するための制度の在り方について（答申）　中央教育審議会

文部科学省　2007　特別支援教育の推進について（通知　19文科初第125号）

文部科学省　2011　イギリスにおける障害のある子どもの教育について　特別支援教育の在り方に関する特別委員会（第10回）配布資料6-1

文部科学省　2015　初等中等教育分科会（第100回）配布資料　2．新しい学習指導要領等が目指す姿

仲村優一・一番ヶ瀬康子・重田信一・吉田久一　1968　社会福祉辞典　誠信書房

新村出　2013　広辞苑（電子版，第7版）　岩波書店

岡本秀明　2013　福祉ニーズの概念整理と高次の福祉ニーズの充足に関連する要因　和洋女子大学紀要，**53**，45-57.

尾上雅信・辻早紀　2016　Special Needs Education 概念に関する一考察——ウォーノック報告の検討を中心に——　岡山大学大学院教育学研究科研究集録，**162**，1-14.

真城知己　2003　特別な教育的ニーズ論——その基礎と応用——　文理閣

徳永豊　2005　「特別な教育的ニーズ」の概念と特殊教育の展開——英国における概念の変遷と我が国における意義について——　国立特殊教育総合研究所紀要，**32**，57-67.

山縣文治・柏女霊峰　2013　社会福祉用語辞典（第9版）　ミネルヴァ書房

第Ⅱ部

北欧の学校が抱える様々な課題と
インクルージョン実践

第4章 北欧の社会と教育・学校

石 田 祥 代

本章のねらい

　本書では，第6章から第9章にかけて北欧4か国の研究者らからの提言がなされ
ている。これらの研究者はいずれも，各国の文化的な背景や社会変化の中でインク
ルージョンという切り口から教育を捉え，子どもたちと学校づくりのために貢献し
たいと研究を進めてきた研究者である。

　第1章で言及したように，ノーマライゼーションの理念が提起され，その実現を
追求してきた北欧は，「平等」や「人権」が社会における通念であり，福祉や教育
の分野ではパイオニアとして注目を浴びることも少なくなかった。しかしながら，
北欧においても，国際的な情勢や経済的な状況により，人々の価値観にゆらぎが生
じたり，教育の実践現場に削減や縮小が求められたりすることも多い。本章では，
学校との関係から北欧の社会について概観することをねらいとしている。

1　北欧社会の抱える課題

（1）福祉国家の変遷

　北欧とは，ヨーロッパの中で北に位置する国々で，ノルウェー，スウェーデ
ン，フィンランドのスカンジナビア3国およびデンマークとアイスランドを指
すことが多い。本書では，これまでともに研究を積み重ねてきた（アイスラン
ドを除く）北欧4か国における研究者が，インクルーシブ教育の視座を提言し
ている。

　国の面積と人口は，フィンランド共和国（以下フィンランドとする）が338,400
km^2（日本は377,900km^2），約533万人（北海道は約538万人），スウェーデン王国
（以下スウェーデンとする）は449,964km^2（日本の約1.2倍），約960万人（神奈川県
は約913万人），デンマーク王国（以下デンマークとする）は43,094km^2（富山県は
約425,000km^2），約571万人，ノルウェー王国（以下ノルウェーとする）は385,199
km^2，約511万人である。フィンランド，スウェーデン，ノルウェーの面積は
日本と同じ程度であるのに対し人口は一つの県程度に相当する。また，デン
マークは一つの県程度の広さと人口であり，日本に比して小さな国ではある。
日本からは飛行機で約半日かかるうえに，以前は距離だけでなく文化的にも遠
かった北欧であるが，インターネットが普及して以降は情報が手軽に入るよう
になり，加えて昨今では，北欧インテリア，北欧家具，北欧雑貨が注目を浴び，
日本にとって「北欧」は馴染みのある言葉となっている。一方で，北欧の人た
ちにとっても，寿司，アニメ，オタクのような日本文化はよく知られており，
北欧の街（図4‐1〜図4‐4）を歩いていれば人気のある寿司レストランがあち
こちに見られる。

　人口は少ないものの，福祉や教育，社会構造の改革などで先駆的な取り組み
を示し，北欧全体としても，ぞれぞれの国としても国際的に注目されてきた。
北欧と聞いて高福祉高負担を真っ先に思い浮かべる読者は多いのではないだろ
うか。北欧は，手厚い社会福祉制度を生み出し維持している福祉国家として，
利点のみならず欠点や失敗例にもつねに関心が寄せられている。嶋内（2010）
は，デンマークの福祉国家としての歴史的変遷を分析し，1930年代から1950年
代までを形成期，1950年代から1970年代までを黄金期，1970年代から1990年代
までを危機の時代とし，1990年代の福祉国家再編によって経済パフォーマンス
を大きく改善したと言及している。同様の変遷は他の3国にも言えることで，
この背景に経済の進退が大きく関与していることは言うまでもない。

　1970年代の二度にわたるオイルショックは北欧諸国にも影響を及ぼし，1970
年代後半と1980年代初頭は経済調整期となった。1980年代には，日本と同様に，
景気が上昇し福祉政策も順調に発展しているかのように見えたものの，ノルウ

図4-1　ノルウェー・ハマール市の
　　　　街並み

図4-2　デンマーク・ボーンホルム市の
　　　　旧市街

図4-3　ヘルシンキ大聖堂と路面電車

図4-4　スウェーデンのザリガニパー
　　　　ティー

ェーではすでに80年代の後半に銀行部門で危機を発生させて景気後退していた（樋渡，2005）。1990年代初頭からは国際的な景気後退期に入り，フィンランド，スウェーデン，デンマークも深刻な経済危機に陥った。そして，深刻な経済状況下，福祉政策の見直しと再編，社会保障給付の削減・縮小化と効率化を余儀なくされた。このような経済的余波は福祉政策のみならず教育政策にも影響を及ぼし，学校および自治体の教育担当部局，教育心理研究所やリソースセンター等の教育機関においても人員および経費の削減があった。

　このような厳しい時代を経て，福祉や教育の実践現場においても，徹底して無駄を省き効率的に仕事が進められるようになっている。インターネット上で

情報を共有する，会議時間を短くする，外部機関との折衝を少なくする，勤務
時間が終われば仕事上の連絡を取り合わない等，彼らの優先順位の中で不必要
と思われることを潔く切り捨てる背景には，仕事に向かう従来のスタンスに加
え，このような理由がある。

　本書を執筆する日本人研究者らは，20年以上にわたり，北欧各国の学校や教
育関係機関を訪問してきたが，制度が新たに設けられ学校が活性化している時
期があれば，予算や人材が大幅に削減され学校が混乱している時期もまたあっ
た。各国ではインクルーシブな学校づくりを目指し，子どもを支援するシステ
ムをつくり上げてきたものの，学校看護師の配置を取りやめた自治体や，教員
以外の専門職員が学校にいる日数を減らさざるを得ない状況に陥っている自治
体もあり，一人ひとりの教職員の専門性や仕事の効率化は近年の重要課題とな
っている。

（2）北欧の気候と教育

　北欧の国間で緯度の高低や海流の影響等により気温差はあるものの，冬季の
気温は北海道と同じくらいかそれよりも低い。2月の最高気温と最低気温はフ
ィンランドの首都ヘルシンキで−4〜−3度程度と−10〜−9度程度，デン
マークの首都コペンハーゲンでも2〜3度程度と−3〜−2度程度である。室
内は真冬であっても軽装で過ごせるほど暖かく快適だが，寒くて暗い屋外に出
る頻度は夏季に比べて少なくなりがちである。

　加えて，北に行けば行くほど夏は太陽が沈まず，その代わりに冬は日照時間
が短くなる。夏至の日の出と日の入りは，ヘルシンキで3時55分ごろと22時50
分ごろ，コペンハーゲンで4時25分ごろと22時ごろであり，日の入り後であっ
ても空は明るさを多少保っている。一方で，冬至の日の出と日の入りは，ヘル
シンキで9時25分ごろと15時15分ごろ，コペンハーゲンで8時35分ごろと15時
40分ごろである。北欧では，家族と過ごす時間や家庭でゆっくりする時間を大
切にする人が多い一方で，仕事や学校は日本よりは少し早めの8時前後から始
まることが多い。

そのため，冬季には暗い中を登校することになり，高学年になれば下校時刻も薄暗くなっている。このような気候にあって，夏季には開放的で積極的な人々も，冬季には閉鎖的で気分の落ち込みを感じることが多くなる。筆者が行ったフィンランドにおける学校心理士からの聞き取りでは，放課後児童クラブが整備されていない地域に居住する低学年の子どもの中に，暗い夕方，家で留守番するのが難しく，精神的に不安定になる事例が少なからず見られるとの話があった。また，各国の学校教職員からの聞き取りでは，兵役のある男子に比べ進学意欲が高い女子中高生の中には，進路を見据える時期に自尊感情が低くなり，情緒が不安定になる者が少なくないということであった。

（3）経済・行政と教育

　さらに，失業率の停滞は，若者の勉強へのモチベーションに影響を及ぼしている。筆者が行った聞き取り調査によれば，高校生や大学生らは，大学で専門分野の勉強をするのは楽しい（楽しみだ）が，勉強したことが必ずしも仕事に結びつかず将来が心配であるとのことだった。また，大学の学費は無料で（ただし，近年，留学生には授業料を課す国も出てきている），生活費は学生補助金・ローン等を利用できるが，卒業後，返済するために仕事が見つかるのかどうかと不安を漏らす者もいた。失業率が10％を超え社会が騒然となったフィンランドとスウェーデンでは，1990年代に比べて落ち着いたとはいえ，フィンランドで8.00％（2018年），スウェーデンで6.33％（2018年）と依然として高い失業率が続いている。ちなみに，デンマークでは5.70％，ノルウェーでは3.90％，日本では2.87％である。加えて，2019年以降COVID-19が世界経済に与えた影響は計りしれず，北欧諸国においても今後の経済回復が待ち望まれている。

　ところで，北欧では，日本と同様に義務教育の責任主体は市町村に相当する自治体にある。フィンランドは19のマークンタ（Maakunta：県に相当）と70のセウツクンタ（Seutukunta：市に相当）とから構成される。スウェーデンは20のレーン（Län：県に相当）と290のコミューン（Kommun：市に相当）で，ノルウェーは19のフィルケ（Fylke：県に相当）と431のコムーネ（Kommune：市に相当）

から構成される。一方，デンマークは2007年に県制度を廃止し，五つの地域区分であるレギオン（Region）に移行した。同時に市に相当する自治体のコムーネ（Kommune）を再編し，98の自治体から構成される（2020年）。各国で日本の学習指導要領のようなナショナルカリキュラムは出されてはいるものの，教育内容および教育の方法は自治体と学校にかなりの部分が任されており，たとえば，フィンランドは教科書を使って授業を進めるか否かは教員に一任されている。それゆえ，ある自治体で行われている教育の在り方が全国的に言えることかどうかは必要に応じて適切に検証する必要があるだろう。

2　北欧の人々が大切に考えること

（1）移民・難民政策と教育
スウェーデンの政策と課題

　北欧の中でも積極的に移民・難民政策をとってきたのはスウェーデンであり，第二次世界大戦後から1970年代初頭ごろまでは労働力不足を補うためにヨーロッパから多くの移民を受け入れた。経済の悪化と国民の反発を受けて1972年に一旦停止したものの，クーデターや内乱といった世界の情勢から難民の保護政策が始まり，1970年代から1989年に出入国管理政策が強化されるまで，難民の受け入れが積極的に行われた。そして，1990年代半ばにかけて難民の受け入れは急増したものの，2000年代にかけて1万人未満で推移し，その後再び増加の傾向を辿ってきた（清水，2015；藤岡，2012）。1990年代後半以降は，移民を受け入れてきたヨーロッパ諸国の多くが移民政策の規制強化を選択していく中で，スウェーデンはそれらの諸国とは一線を画し，多文化主義と福祉国家にもとづく移民に手厚い政策を実施してきた（挽地，2015）。近年の動向としては，シリアからの難民を受け入れ，160を超える国からの移民・難民がスウェーデンで生活をしている現況にある。

　しかしながら，このような移民・難民政策は，地域の中に分離された地区ができるといったスウェーデンが目指す共生社会やインクルーシブな社会の理想

とは矛盾する結果を生み出してしまった。政府はこのような状況を以下のように示す。

①大都市は教育・就業機会がもっとも多く移民も集中する一方，就業率や所得については国内出身者との差がもっとも大きく，セグリゲーション（分離：Segregation）も進んでいる。しかし同時に移民のインテグレーション（統合）に専門的に取り組む機関を設けるなど，取り組みも先進的である。

②大規模地域は，大都市ほど規模は大きくないが難民・移民は増加しており，それに伴って支援事業を拡大している。

③中規模地域について事例分析は行っていないが，外国出身者の割合はもっとも低く，非ヨーロッパ出身者の割合も大都市・大規模地域ほど高くなく，就業率や所得の国内出身者との差ももっとも小さく，統合問題は小規模地域を除きもっとも深刻度が低い。

④小規模地域は補助金を得て難民を多く受け入れるけれどもその多くが地域を出てしまうため雇用機会の創出が課題である。移民統合が課題というより人口減少対策が課題となっている。

このように冷静に分析し，今後の社会の在り方を模索しているところである（清水，2017）。

学校・教育に求められるもの

PISA 調査（OECD による学習到達度調査）では，子どものもつ外国の背景について，次の四つに分類している。

①移民 1 世の子どもとは，両親ともに外国生まれであり，自身も外国生まれの子どもである。

②移民 2 世の子どもとは，両親ともに外国生まれであり，自身は現居住国・地域生まれの子どもである。

③外国に背景をもつ子どもとは，移民 1 世と移民 2 世の両方を指す。

④外国に背景をもたない子どもとは，親のうち一方が現居住国・地域生まれであり，自身も現居住国・地域生まれの子どもである。

2019年の統計値によれば，スウェーデンの総人口のうち外国籍者9.1％，外

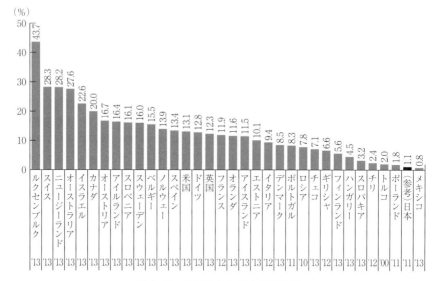

図 4 − 5　外国生まれの人口の比率

（注）OECD 諸国以外にロシアの値を含む。国名の下の数字は年次。
　　　OECD International Migration Outlook 2015（トルコは2013），日本は国立社会保障・人口問題
　　　研究所「第 7 回人口移動調査」（対象世帯数15,449，有効回収率73.5％（11,353世帯））を資料
　　　とする。
（出所）社会実情データ図録（2013）

国生まれの者19.6％，本人はスウェーデン生まれで両親は外国生まれの者
25.5％と，4 割以上が本人または両親が外国生まれであるが（SCB, 2019），図
4 − 5 に示したように，ノルウェー，デンマーク，フィンランドにおいても日
本と比して移民人口の割合は高い。以上のような国際的動向の中，移民をめぐ
り教育と関連した問題が指摘されている。

　OECD（2017）は，『移民の子どもと学校─統合を支える教育政策─』の冒頭
で，「安全でよりよい暮らしをヨーロッパに求め，過去数ヶ月の間だけでも，
前例のない規模の移民と庇護申請者が荒波と有刺鉄線のバリケードを乗り越え
た。その数は子どもを含めて何万人とも言われる。受け入れ国の学校は，移民
の子どもを新たなコミュニティに統合するための準備が十分にできているのだ
ろうか。また学校は世界中のすべての子どもにとって，多様な文化的背景をも

つ他者と協力し，異なる考えや視点，価値を受け入れ，人生にかかわり，仕事
やシティズンシップの獲得へとつながる場となっているだろうか」と問題提起
をした。日本においても，外国に背景をもつ子どもの教育問題は年々深刻にな
っており，こうした議論は他人事ではない。

　OECD は同書で，移民と学校の問題について，学力と学校での帰属感，移
民へのまなざし，低学力の要因，親の期待と子どもの学習意欲，教育政策等か
ら分析を行い，当面の政策対応として①継続的な言語支援を可能な限り早く，
通常学級内で提供する，②子どもに質の高い就学前教育を受けさせるよう，移
民の親に促す，③すべての学校において，移民の子どもの受け入れ体制を整え
るとし，効果の高い中期的対応として①不利な状況にある学校に，移民の子ど
もを集中させないようにする，②能力別編成や早期のトラッキング（学校内，
学校間，教育システム上の階層化された格差構造），留年を避ける，③移民の親に特
別な支援・教育を行う，を挙げた。さらに，インテグレーション（統合）政策
の強化に向けた取り組みとして①イノベーションと実験的試みを支援し，結果
を評価して，有効な事案に的を絞って財政支援を行う，②文化的多様性の価値
を示す，③取り組みの進展状況をモニタリングする，と各国の政策に向けた提
言を行っている。

　学校では，子どもや保護者との日々のかかわりの中で，自国と子どもの背景
にある国との文化の違いから生まれる学校と家庭の行き違い，子どもが成長し
たときに向き合う親子間の価値観のズレ，校内にできる子どものグループなど
いくつもの難題を教職員も保護者も乗り越えることが必要となってくる。社会
の変化とともに，学校が抱える問題や課題もまた変化し，教職員はつねに客観
的な視点や柔軟な思考が求められている。

　また，北欧においては，日本と同様に青少年犯罪の防止や抑制への関心が高
い。これまで言及してきたように，北欧各国では移民の割合が日本よりも高く，
貧しさやアイデンティティの揺らぎのような背景から，多様な困難を有する移
民も多く，そのため非行・薬物依存に陥った青少年に対する発達支援が行われ
ている（高橋・田部・内藤・石川，2015）。身体的・精神的健康，子どもの福祉，

アルコール・薬物中毒からの回復支援は地域移行支援にとって重要であり，子どものみならず家庭全体を支援することが大切である。

（2）いじめとその対策

　平等および人権を尊重し，移民・難民政策や LGBT の法整備を進めてきた北欧にあっても，学校でのいじめは教育関係者の悩みである。ノルウェーでは1982年にいじめが原因と考えられる 3 人の子どもの自殺があり，翌年から「いじめ防止キャンペーン」が繰り広げられたが，1990年に入って以降いじめはますます深刻になり，もはや見過ごすことのできない社会的問題となった。

　フィンランドでは，2003年の基礎教育法（Laki perusopetuslain muuttamisesta）改定に際し，第29条「安全な学習環境の権利」に関する条項の中で，各学校は暴力，いじめ，ハラスメントの防止案を検討することが規定されたものの，その後もいじめが減少していないことが明らかとなった。そこで，いじめ対策として，2009年から KiVa プログラムを全国的に導入し，いじめの減少，子どもの不安・抑うつの低下，対人関係の改善が確認された（北川・小塩・股村・佐々木・東郷，2013）。同プログラムは2006年に，いじめ予防と効果的ないじめ対策を目的とし，教育文化省による助成を受けてトゥルク大学が開発したエビデンス・ベースド・プログラム（効果があると言える科学的根拠にもとづいたプログラム）である。トゥルク大学研究チーム（Kiva Program & University of Turku）は子どもを対象にした調査から「被害児と加害児のみではいじめは成立しにくい」と分析し，いじめの傍観者をなくすことがいじめの拡大を防ぐと結論づけた。

　この視点から，KiVa プログラムは一般（一次的支援・二次的支援）と個別ケース（三次的支援）を対象にしたプログラムによって構成され，一次的支援には，子どもを対象にしたロールプレイングやいじめられている子の味方になるためにはどうしたらよいかといった議題を示して話し合いを行ういじめ教育，いじめ防止オンラインゲームがある。二次的支援では，いじめの発見に主眼が置かれ，従来は教員と子どものかかわりがほとんどなかった「休み時間」に教

員が交代で黄色いベストを着用して校庭の隅々を動き回りいじめの発見に努めるという形が典型的である（大坪，2018）。また，筆者が調査で訪れた学校では，校内に調停係の子どもを配置し，「されて嫌だったことカード」をもとにいじめに至る前段階で解決する学校独自のいじめ予防の試みがなされていた。

　一方，個別ケースプログラムは，いじめが明らかとなった際に，被害児と加害児，被害児の助けとなりたいと考えているクラスメートを巻き込みながらいじめの終結を目指すものである。同プログラムに参加するか否かは学校の任意とされるが，参加する学校では校長・教員・カウンセラー等3名以上の教職員から構成される KiVa チームを学校に配置する。

　そして，ノルウェーにおいてもベルゲン大学が先導しオルヴェウス（Olweus, D.）によるオルヴェウスいじめ防止プログラムが進められてきた（オルウェーズ，1995；オルヴェウス，2013）。スウェーデンにおいても1993年「旧学校法（Skollag）」の改正で，学校の教職員に対するいじめ防止の努力義務が規定され，今世紀に入ってからは2006年「子どもおよび児童生徒に対する侵略的または差別的取扱いの禁止に関する法律（Lag om förbud mot diskriminering och annan kränkande behandling av barn och elever）」に続き，2008年「差別禁止法（Diskrimineringslag）」が制定され，2010年の「学校教育法制定（Skollag）」をもって学校の責任がより具体的に規定され，すべての義務教育学校に子ども健康チームを配置することになった。しかしながら，いじめは完全に撲滅されることは難しく，今なお各国で防止策について研究と実践が継続されているところである。KiVa プログラムは，研究拠点地域を中心に継続的に研究と実践，改善を行いながら，同プログラムの国際的な拡大を目指しており，ベルゲン大学は政府からの研究助成を受けオルヴェウスいじめ防止プログラムを継続している。デンマークにおいての実践事例は第8章を参照されたい。

〈文　献〉

藤岡純一　2012　スウェーデンにおける移民政策の現状と課題　社会福祉学部研究紀要，**15**(2)，45-55.

挽地康彦　2015　スウェーデンにおける移民統合のパラドクス　和光大学現代人間学部紀要，**8**，39-51.

樋渡展洋　2005　90年代国際的ディスインフレ期の不況と経済政策選択―ドイツ，スイス，日本の景気低迷・政策対応と選択的視覚の重要性―　社會科學研究，**56**(2)，3-54.

北川裕子・小塩靖崇・股村美里・佐々木司・東郷史治　2013　学校におけるいじめ対策教育―フィンランドの Kiva に注目して―　不安障害研究，**5**(1)，31-38.

OECD　深川あゆみ・木下江美・斎藤里美（監訳）　2017　移民の子どもと学校―統合を支える教育政策―　明石書店

オルウェーズ，ダン（著）　松井賚夫・角山剛・都築幸恵（訳）　1995　いじめ―こうすれば防げる―　川島書店

オルヴェウス，ダン（著）　小林公司・横田克哉（監）　2013　オルヴェウス・いじめ防止プログラム　現代人文社

大坪治彦　2018　北ヨーロッパのいじめ対策に学ぶ―ノルウェーはいかにしていじめを無くすことができているのか―　鹿児島大学教育学部教育実践研究紀要，**27**，249-256.

嶋内健　2010　デンマーク福祉国家の歴史的変遷とシティズンシップ―救貧法からアクティベーションまで―　立命館産業社会論集，**46**(3)，143-168.

清水由賀　2015　スウェーデンにおける移民統合政策―地方自治体の取り組みを例に―　社会研究集，**26**，47-62.

清水由賀　2017　スウェーデンにおける難民・移民受け入れ政策―継続性に注目して―　日本地方政治・日本地域政治学会2017年度東京大会 分科会 F 自由論題 少子化・移民問題パネル発表資料

社会実情データ図録HP　2013　http://www2.ttcn.ne.jp/honkawa/1170a.html　（2018年 5 月31日参照）

高橋智・田部絢子・内藤千尋・石川衣紀　2015　北欧における非行・薬物依存・犯罪等を抱える若者の発達支援の動向と日本の課題　日本教育学会第74回大会ラウンドテーブル 7 資料

藪長千乃　2008　1990年代におけるフィンランド型福祉国家の変容―福祉提供主体の多様化に焦点を当てて―　文京学院大学人間学部研究紀要，**10**(1)，199-219.

○フィンランド

Basic Education Act 628/1998

Kiva Program & University of Turku HP　https://www.kivaprogram.net　（2020年11月6日参照）

Statistics Finland（フィンランド統計局）　www.stat.fi　（2018年5月31日参照）

Valteri（フィンランド教育省国立学習相談センター）　https://www.valteri.fi/koulu/, https://yle.fi/uutiset/3-5909130　（2018年5月31日参照）

○スウェーデン

Diskrimineringslag（SFS 2008: 567）

Lag om förbud mot diskriminering och annan kränkande behandling av barn och elever（SFS 2006: 67）

Lag　1993: 1679　om ändring i Skollagen（1985: 1100）

Skollag（SFS 2010: 800）

SCB　2019　Polulation statistics.

○ノルウェー

ベルゲンいじめ研究グループHP　https://www.uib.no/en/rg/bbrg　（2018年5月31日参照）

Statistisk sentralbyrå　2015　Facts about education in Norway 2015.

Statistisk sentralbyrå Norge（ノルウェー政府統計局）　http://www.ssb.no/　（2018年5月31日参照）

第5章　北欧の教育制度

是永かな子

本章のねらい

　本書では，第6章から第9章にわたり，インクルーシブな学校づくりを大きな
テーマとして研究を進めている研究者らから，北欧4か国フィンランド，スウェー
デン，デンマーク，ノルウェーの実践について報告がなされる。これらの研究者と
のディスカッションで我々がもった共通認識は「こうすれば絶対うまくいくという
絶対的正解はない」というもので，だからこそ我々は「どうしたら」や「どうすれ
ば」を基礎的研究の積み上げから追い求めているのである。各国の報告と提言を通
して，これまでもっていなかった観点や新しい考え方，教育や養育へのモチベーシ
ョンなどを読者が感じてくれたなら，これほど嬉しいことはない。

　本章では，第6章から第9章までをよりよく理解できるよう，4か国における教
育制度を理解してもらうことをねらいとしている。

1　フィンランドの教育制度

　フィンランド共和国（以下，フィンランド）では，まず0歳から6歳にはエジ
ュケア（ケア，保育，教育の要素を組み合わせたもの）（Ministry of Social Affairs and
Health, 2013）が保障される。6歳は就学前教育の対象であり，2015年8月から
（保育所または学校に配置される）就学前学級での教育が義務制となったことに伴
い，義務教育期間は従来の9年から10年に延長された。義務教育は6歳から16
歳までだが，9年生の後にさらに任意で第10学年を選択することができる。義

務教育学校は自治体立の基礎学校もしくは知的障害等の障害のある子どもを対象にする特別学校である。基礎学校2,400校のうち，私立学校は36校のみであり，私立学校であってもナショナルカリキュラム（第1章参照）に従う必要があり，公的な保障も受ける。またフィンランド語とともに公用語であるスウェーデン語での学習を希望する場合はスウェーデン語学級もしくはスウェーデン語学校を選択することもできる。

　特別学校の数は近年減っており，基礎学校内の特別学級に再編されている。1995年に1.8％（10,871名）であった自治体立の特別学校に就学する子どもの割合は2019年には0.6％（3,474名）まで減っている（フィンランド政府統計局，2020）。また，現在，国立の特別学校が6校あり，それぞれ聴覚障害，視覚障害，言語障害，肢体不自由，重度重複障害，神経疾患や自閉症スペクトラム，スウェーデン語話者の障害児者のための教育などを対象にする（第6章参照）。これらの国立特別学校は地域性をある程度考慮しつつ，同時に全国に対するセンター的機能も担っている（フィンランド教育文化省・国立学習相談センター（VALTERI），2018）。

　後期中等教育は大きく二つに区分され，大学に進学する後期中等普通教育（高校：Lukio）と後期中等職業教育・訓練（職業学校：Ammattikoulu）がある。2018年には義務教育修了者のうち53％が高校に進学し，41％が職業学校に進学した（フィンランド政府統計局，2018）。近年，職業学校に進学する特別な教育的ニーズのある生徒の数は増加傾向にある（石田・是永・松田・本所・渡邉，2020）。実際，職業教育を受ける生徒のうち，特別な教育的支援の判定のある生徒は，2004年は12,500名だったが，2011年には20,100名に，2017年は25,600名（同年の全生徒数116,166名）に増加した（Tilastokesku, 2019）。これらの支援が必要な生徒の多くは職業学校の通常コースで学んでいるが（84％）（Tilastokesku, 2019），2015年の職業教育改革を機に，障害者団体立職業訓練コースとして職業学校内に新しく導入されたコースに職業学校の正規プログラム入学のための6か月から1年間の準備コースとしてのヴァルマ（Valmentava koulutus：VALMA）と，自立した生活を目標とした活動・生活訓練のためのコースとしてのテルマ

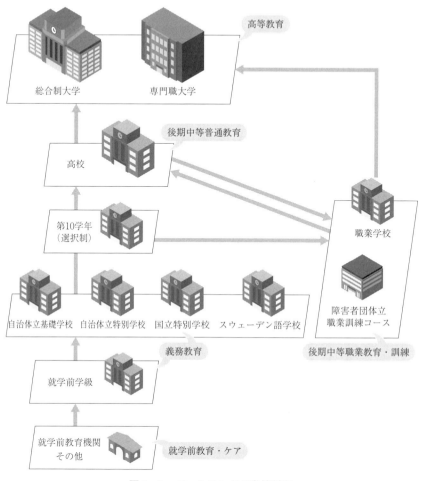

高等教育

総合制大学　　　専門職大学

後期中等普通教育

高校

第10学年
（選択制）

職業学校

障害者団体立
職業訓練コース

自治体立基礎学校　自治体立特別学校　国立特別学校　スウェーデン語学校

義務教育

就学前学級

就学前教育機関
その他

就学前教育・ケア

後期中等職業教育・訓練

図 5 - 1　フィンランドの学校制度

（出所）筆者作成

（Työhön ja itsenäiseen elämään valmentava koulutus：TELMA）がある。

　高等教育としての大学には14の総合制大学と24の職業系の高等教育としての
専門職大学がある。そしてその上に，それぞれ修士課程と博士課程がある。な
お，後期中等教育後に職業経験と上級職業資格，専門職業資格を得て，職業系

の修士課程に進学することも可能である（Finnish National Board of Education, 2015）。

2　スウェーデンの教育制度

　スウェーデン王国（以下，スウェーデン）では，0歳から6歳に対し就学前教育が保障される。6歳は（学校に配置される）就学前学級の対象である。2018年の秋学期から就学前学級が義務化され（Regeringskansliet, 2017），義務教育は従来の9年間から10年間となった。これは（市に相当する）自治体立の基礎学校（Grundskola：第1章参照）もしくは知的障害特別学校（Grundsärskola），後述の特別学校（Specialskola）で行われる。知的障害特別学校は基礎学校と併設されていることがほとんどであるため，基礎学校内に知的障害を対象とした特別学級はない。ただし，基礎学校内に肢体不自由を有する子どもを対象とした特別な教育的グループが設けられ，特別な支援を受けながら学習する場合がある。また，重度の視覚障害のように特別な配慮が必要な子どもは，福祉的支援としてのパーソナルアシスタントの補助や校内での抽出指導，国立リソースセンターでの一定期間の学習等の特別な教育的支援を受けながら通常学級に就学する。スウェーデンの現行制度ではフィンランドやデンマークのように，任意の第10学年の選択は残されていないため，基礎学校9年生で高校入学の要件を満たしていない場合（13%），補償教育プログラムの実施を通して，こうした生徒も高校へ移行できるような配慮がなされている（本所，2016）。補償教育プログラム（Introduktionsprogram）には，身体障害のある生徒，発達障害のある生徒，移民の生徒の受け皿にもなっている。一方，知的障害特別学校は任意の10年生が選択できる。

　国立もしくは全国を5つに分けた広域で特別な支援を行う地域立の聴覚障害・重複障害特別学校（Specialskola）5校は7歳から17歳までの10年間，国立少数民族サーミ学校（Samiskola）では7歳から13歳までの6年間，教育が保障される。国立特別学校としては国立オスバッカ学校（重複障害対応）・国立エッ

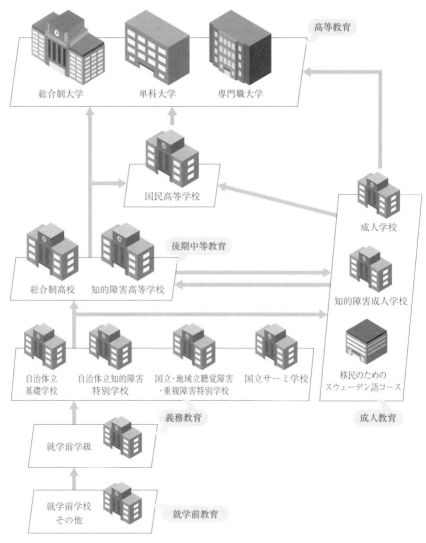

図5-2　スウェーデンの学校制度

（出所）Skolverket を参考に筆者作成

ケ学校（視覚障害リソースセンター）・国立ハルスボー学校（言語障害リソースセンター）の 3 校がある。そして 3 校を含んだ重複障害（盲聾）・聴覚障害・視覚障害・言語障害のリソースセンターを統括した国立リソース部門に加え，教材開発センター部門と予算管理部門が存在し，これらの地域・組織で全国の視覚障害，聴覚障害，言語障害，重複障害の支援を行う。肢体不自由特別学校については，インテグレーション政策推進の中で廃校となったものの，より専門的な教育を行うために現在全国に 5 校設置されている。

　後期中等教育はコース制で 3 年間の総合制高校（Gymnasium）と 4 年間の知的障害高等学校（Grundsärskola）がある。また，聴覚障害・重複障害・肢体不自由のための国立高校も保障されている。

　高等教育としての大学は一般の総合制大学（Universitet）と単科大学（Högskola），そして職業高等学校（Yrkeshögskolan）として専門職大学がある。

　学校以外の広く社会で行われる教育としての社会教育機関の国民高等学校（Folkhögskola）もある。学習に関心のある全ての人に開かれており，多くの学校には寄宿舎も準備されている。スウェーデンには2019年現在156の国民高等学校がある。対話や共同学習を重視した教育形態をとり，一般コースと特別コースがある。一般コースでは初等中等教育の補習や高等教育申請の資格を取得することができる。特別コースは，特定分野の学習によって構成されるコースである。

　また，スウェーデンで特徴的なのは私立学校（Fristående skolor）である。以前は公立学校が主であったものの，私立学校に人気が集まるようになり徐々に数を増やしてきた。2016年秋学期において，基礎学校4,847校のうち820校が，知的障害特別学校591校のうち38校が，高等学校1,313校のうち428校が，知的障害高等学校256校のうち32校が私立学校である（Skolverket）。ただし，他の諸国と同様に教育の平等を重んじるスウェーデンにおいて，たとえ私立学校であっても授業料は無料である。なお，隣国デンマークでは私立学校は授業料がかかる。

3　デンマークの教育制度

　デンマークでは，就学前は，０歳から３歳まで保育（公的保育・特別な資格は必要ないが決められた条件を満たした保育ママが自宅で４〜５人の子どもを保育する家族的保育もその他として存在）を受けることができ，３歳から６歳は幼稚園教育が保障される。６歳は第０学年の対象であり，2009年８月から幼稚園年長クラスが義務化され，１年生の前段階という意味で第０学年と呼称される。

　したがって，義務教育は６歳から16歳までの10年間で，初等・前期中等学校としての自治体立９年制国民学校（Folkskole），国民学校内の障害種に応じた特別学級やセンター学級（複数の特別学級や特別指導グループの総称），後述する国立特別学校または自治体立特別学校で行われる。初等教育段階から多様な就学形態を保障していることがデンマークの特徴であり，保護者の申請によって認められる自宅就学や教育のみならず生活も支援するために寄宿舎や寮を併設した「施設内での教育（Dagbehandlingstilbud og anbringelsessteder）」がある（義務教育対象児のうち4.8％：うち自治体立0.5％）。宗教や民族，教育理念にもとづいた教育を行っている私立学校には17.4％（2019年10月）が就学し，伝統的に支持されている（デンマーク政府統計局）。私立学校の運営には公的補助が出るが，日本と同様に授業料がかかる。

　デンマークでは，フィンランドと同様で，任意の第10学年がある。2019年の統計では第９学年が69,821名で，第10学年は36,540名在籍していた（デンマーク政府統計局）。このことから半数以上は第10学年に進級し，補償教育のみならず進路選択の猶予期間としても活用されている。

　環境整備によって統合が進んだ視覚障害児は，全国的な支援として特別な教育が保障される。そのため国立の特別学校としてはレフスネス視覚障害学校（Syncenter Refsnæs）が視覚障害に関する教育機能と特別教育センター（助言，研修，教材開発，実践研究等）の機能を一括して担う。もともと対象児数が少なかった聴覚障害学校は全国を広域で区分した地域で支援を行う。2007年自治体

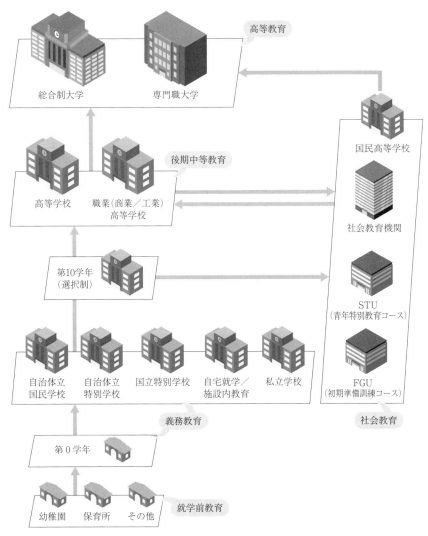

高等教育

総合制大学　専門職大学

国民高等学校

後期中等教育

高等学校　職業（商業／工業）高等学校

社会教育機関

第10学年（選択制）

STU（青年特別教育コース）

自治体立国民学校　自治体立特別学校　国立特別学校　自宅就学／施設内教育　私立学校

FGU（初期準備訓練コース）

義務教育

社会教育

第 0 学年

幼稚園　保育所　その他　就学前教育

図 5-3　デンマークの学校制度

（出所）筆者作成

改革を期に知的障害特別学校や肢体不自由特別学校は県立から自治体立に移管され，特別学校を保有しない自治体は児童生徒のニーズに応じて他自治体に教育費を支払い他自治体立特別学校の資源を活用することとなった（第2章参照）。同時に，従来県立特別学校で行われていた視覚障害や聴覚障害，重複障害，社会・情緒障害，知的障害の支援も，可能な限り自治体内の教育資源で対応する傾向が強化されている。2019年の統計値によれば特別学校に就学しているのは1.4%である（デンマーク政府統計局）。

　後期中等教育は国が管轄し，3年制の高等学校（Gymnasium），商業学校（Handelsgymnasiet），工業高校（Teknisk gymnasium）があり，高等学校修了試験（Studentereksamen）は大学などの高等教育機関への入学資格になる。また，2007年に制定されたSTU法（Lov om ungdomsuddannelse for unge med særlige behov）により，自治体は16歳から25歳の「障害のある若者と中等教育を修了する機会を持たないその他の特別なニーズのある若者」（第1章第1条）に最長3年間無償で社会教育を提供している（事例は池田（2018）を参照）。加えて，2018年には，技能を取得し雇用の機会を生み，生徒の自立を目指した準備訓練プログラムがFGU法（Lov om forberedende grunduddannelse）により規定され，その成果が待たれるところである。さらに，デンマークにおいてもスウェーデンと同様に社会教育機関や国民高等学校（Folkehøjskole）があり，教育の門戸を開いている。

4　ノルウェーの教育制度

　ノルウェーでは，まず0歳から5歳までは，就学前教育が保障される。

　6歳は義務教育学校の第1学年に位置づけられる。義務教育は6歳から16歳までの10年間，自治体立の基礎学校第1～第7学年の7年間と前期中等教育学校第8～第10学年の3年間で行われる。障害による教育的ニーズを有する子どもは基礎学校と前期中等教育学校内の特別学級で教育を受ける。

　私立学校の割合は少なく，全子ども数の3.5%程度である（Statistisk sentralbyrå,

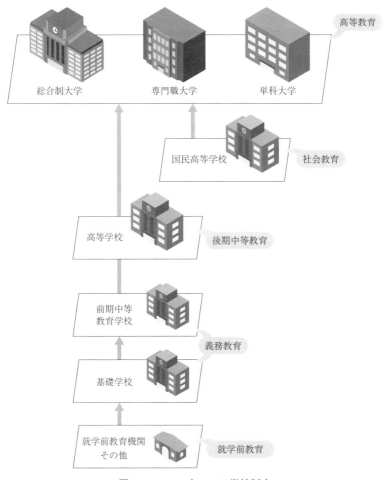

図 5-4　ノルウェーの学校制度

（出所）筆者作成

2015）。義務教育が10年間であるため，前期中等教育の最終学年が第10学年に
なる。スウェーデンと同様に，任意の第11学年の選択はない。

　障害に応じた特別学校は基本的には存在しない。代わりに全国規模の学齢児
支援システムとしてコンピテンスセンターが2012年12月31日に再編され，全国

を四つ，首都オスロ（Oslo）を含む南東，人口順位２位の自治体ベルゲン（Bergen）を含む西部，人口順位58位の自治体レバンゲル（Levanger）を含む中央，人口順位８位の自治体トロムソ（Tromsø）を含む北部，に区分して各地域での支援体制を構築している（第９章参照）。コンピテンスセンターは，視覚聴覚重複障害，脳損傷，聴覚障害，複合的学習障害，言語障害，視覚障害の６障害を対象としたリソースネットワークであり，加えて，独自のカリキュラムを保障する特別ニーズ教育（Samisk spesialpedagogisk støtte：SEAD）が少数民族のサーミ族に保障される。これらを合わせ，国立特別教育サービス（スタットペド）（Statlig spesialpedagogisk tjeneste：Statped）を構成している。特別教育の保障として１日１～２時間通常学級外で特別な支援を受ける年間12週間以内のパートタイム特別教育と全日のフルタイム特別教育がある。近年の変化として，国立特別教育サービスとの連携の下，聴覚障害を対象とした特別学校が２校（Skådalen skole for døvblindfødte と A.C. Møller skole for hørselshemmede）運営され，フルタイムとパートタイムの教育プログラムを保障している（是永，2015）。

　後期中等教育は大きく二つに区分され，大学に進学する一般後期中等教育プログラムと職業後期中等教育プログラムがある。

　ノルウェーにおいても社会教育機関の国民高等学校がある。高等教育としての大学はコースによって２年間の単科大学と３年もしくは４年の専門職大学と総合制大学がある。その後，修士課程や博士課程が設けられている。

〈文　献〉

本所恵　2016　スウェーデンにおける高校教育課程改革―専門性に結びついた共通性の模索―　新評論

池田典子　2018　デンマークにおける特別なニーズのある若者教育政策の展開―特別計画若者教育（STU）を中心に―　京都大学大学院教育学研究科紀要，**64**，29-41.

石田祥代・是永かな子・松田弥花・本所恵・渡邊あや　2020　インクルーシブ教育からみた義務教育から後期中等教育への移行とその支援―フィンランドの取り組みと課題―　北ヨーロッパ研究，**16**，39-52.

是永かな子　2015　ノルウェーにおける多様なニーズのある子どもの学校支援体制

高知大学学術研究報告, **64**, 41-50.

○フィンランド

フィンランド教育文化省・国立学習相談センター（VALTERI）　https://www.valteri.fi/koulu/, https://yle.fi/uutiset/3-5909130（2020年 5 月 5 日参照）

フィンランド政府統計局　2018　Statistics Finland Entrance to education 2018 www.stat.fi.（2020年 7 月 4 日参照）

フィンランド政府統計局　2020　http://www.stat.fi/til/erop/2019/erop_2019_2020-06-05_tau_007_en.html（2020年11月16日参照）

Finnish National Agency for Education, Structure of Educational Administration http://www.oph.fi/download/146428_Finnish_Education_in_a_Nutshell.pdf （2020年 5 月 5 日参照）

Finnish National Board of Education　2015　Education in Finland　http://www.oph.fi/download/175015_education_in_Finland.pdf（2020年 5 月 5 日参照）

Ministry of Social Affairs and Health　2013　*Child and family policy in Finland*. Helsinki.

Tilastokesku　2019　Lähes joka viides peruskoululainen sai tehostettua tai erityistä tukea.　https://www.stat.fi/til/erop/2018/erop_2018_2019-06-19_tie_001_fi.html（2020年 5 月 5 日参照）

○スウェーデン

Regeringskansliet　2017　Skolstart vid sex års alder　http://www.regeringen.se/rattsdokument/proposition/2017/09/prop.-2017189/（2020年 5 月 5 日参照）

Skolverket　http://center.hj.se/cncell/kunskapsbank/aktorer/utbildningssystemet.html（2020年 5 月 5 日参照）

○デンマーク

デンマーク政府統計局　Statistics Denmark UDDAKT20　https://www.dst.dk/en/Statistik/emner/uddannelse-og-viden/fuldtidsuddannelser/grundskole（2020年 5 月 5 日参照）

Lov om forberedende grunduddannelse（LOV nr 697 af 08/06/2018）

Lov om ungdomsuddannelse for unge med særlige behov（LOV nr 564 af 06/06/2007）

○ノルウェー

Statistisk sentralbyrå　2015　Facts about education in Norway 2015.

Statistisk sentralbyrå Norge（ノルウェー政府統計局）http://www.ssb.no/（2020年
　　5月5日参照）

第6章　子どもの「参加」をうながす動機づけの取り組み
──フィンランドの課題と実践

マッティ・クオレライヒ／是永かな子／石田祥代

本章のねらい

　フィンランドで「インクルージョンの障壁は」と問いかけると，教員から「子どもの行動上の問題」という答えがよく返ってくる。日本でも同様であろうか。しかし，「学校で子どもの素行が悪い」とか「保護者がその子をきちんと育てなかった」という言葉は，いったいどのような意味をもたらすのであろうか。このような非難はよりよい学校づくりに役立つのであろうか。この章は，このような問いかけから始まっている。よりよい学校づくりのためには何が必要なのだろうか。

　本章では，読者とともにこのことについて検討したいと考えている。学校がいかなる改革をすれば子どもたちにとって，より適応する学校となるのか。これを考える起点とするために，子どもの社会的な行動面の切り口で，インクルーシブ教育のあり方を検討したい。

　ところで北欧では，教育の出発点や教育に対する価値観は共有されている。すなわち，筆者（クオレライヒ）たち北欧人は「平等で」「民主的な」学校を有していると自負している。筆者自身何度か訪日し，学校訪問をしているが，フィンランドと日本を比較した際に，日本ではフィンランドの教員ほど子どもの行動や態度を大きな問題とは捉えていない印象があった。また，教員としての経験がヨーロッパと日本とでは異なるのかというのは筆者自身の関心事であり，読者たちもこの点について本章を通して考えてみてほしい。

＊第6〜9章は2017年4月に高知大学で開催された国際シンポジウムでの北欧4か国の研究者の発表内容をもとにして，是永・石田が翻訳および加筆・修正したものである。また翻訳においては通訳の重松加代子氏に協力を得ている。

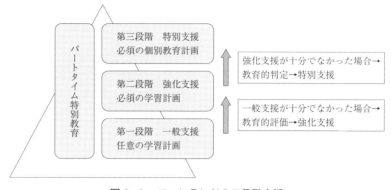

図 6-1　フィンランドの三段階支援

(出所) Finnish National Board of Education (2016a) をもとに是永が作成

1　フィンランドにおけるインクルーシブな学校づくり

(1) インクルーシブ教育の取り組み

　特別教育に関しては，2010年に改正された基礎教育法で，三段階の「段階的支援」が規定され (Ministry of Education and Culture, 2010 Section16. 16a, 17；Finnish National Board of Education, 2011；是永，2013b)，2014年のナショナルカリキュラム (第1章参照) の全面改訂によって，段階的支援の位置づけはより強固になった (図6-1)。

　第一段階は一般支援であり，学習計画は任意である。一般支援が十分でなかった場合に，第二段階となり，教育的評価後に強化支援が行われる。この第二段階では，学習計画の作成が義務づけられる。第一段階もしくは第二段階の「学習計画」作成においては，利用可能な支援のすべての支援形態を利用できるが，教育内容はナショナルカリキュラムに即し個々の子どもに合わせ，カリキュラムに沿わない指導を行うことはできない。つまり，学習方法は個別化できるが，学習内容は個別化できないのである。強化支援が十分でなかった場合，第三段階となり，教育的判定後に特別支援が実施される。第三段階では，個別

図6-2　第二段階支援としての学校教育　　図6-3　第三段階支援としての個別の
　　　　補助員による支援　　　　　　　　　　　　　抽出指導による支援

教育計画の作成が義務づけられる。第三段階の「個別教育計画」作成においては，利用可能な支援策の全範囲を使用することができ，必ずしもカリキュラムに沿う必要はなく，個々の子どもに合わせた教育内容を検討し実施できる（Finnish National Board of Education, 2016a）。つまり，学習方法も学習内容も個別化できる。

　これらの三段階支援では，学級での支援に加え，教員が役割を交替しながら共同で授業案を作成し，授業における指導や評価を行うコティーチング（Co-teaching：第1章参照），学校教育補助員による支援（図6-2），個別の抽出指導による支援（図6-3），小集団での支援，特別学級での支援，特別学校での支援が想定される（是永，2013a；小曽・是永，2017）。三段階支援の対象児について，第一段階の一般支援はすべての子どもを対象としているため，その割合は統計的に示されてはいない。一方，第二段階の強化支援は義務教育制学校の子どものうち9.0％が，第三段階の特別支援は7.5％が支援を受けている（Statistic Finland, 2016）。

　また，図6-4と図6-5は特別教育のうち部分的な時間に行われるパートタイム特別教育の様子である。学級での学習や授業への参加が困難な場合に，通常の指導に加え付加的ならびに補足的な指導内容で行われる教育で，通常の指導と平行して特別な指導グループで行われる教科指導などがパートタイム特別

図6-4　3人を対象にしたパートタイム　　図6-5　2人を対象にしたパートタイム
　　　　特別教育　　　　　　　　　　　　　　　　特別教育

教育に当たる。学級内あるいは特別な指導グループ，個別または小集団の抽出
指導など指導の場面は多様であり，三段階支援のいずれにおいても利用される
ことがある。

　以上のように，一時的な遅れや困難性が顕在化した時点で基本的には基礎学
校で早期に特別な教育的対応に着手すること（Ministry of Education and Culture,
2010, Section16）がフィンランドの「特別な支援」の特徴として挙げられる。ま
た，特別な支援を受ける子どもの背景は，障害の疑いや障害の有無だけでなく，
学業の習熟度，外国に背景をもつがゆえのフィンランド語の課題，子どもの情
緒問題のようにいろいろであり，このような特徴は北欧に共通している。

（2）義務教育学校ととくに関係する機関・専門職

　フィンランドでは国は教育予算の25％を保障し（Finnish National Board of Ed-
ucation, 2014），かつ，教員養成と教材を保障しなくてはならない（Irmeli & Rit-
va, 2008）。国の担当局は主に二つあり，教育文化省は，教育政策，法令，国家
予算を担当し，国家教育委員会（フィンランド国立教育庁に移行の予定）はナショ
ナルカリキュラム，教育の質の保障，根拠にもとづいた政策決定の支援，学習
者への支援などを担当する。

　一方，自治体は教育予算の75％を保障し，教育の優先事項の決定，ローカ

表6-1 フィンランドにおけるインクルーシブ教育

学校制度	・0歳から6歳にはエジュケア（ケア，教育，保育）が保障される。 ・特別な療育が必要な乳幼児が通所する場合は子どもの数を少なくすることで対応するのが一般的である。 ・6歳は就学前教育の対象（2015年8月から就学前学級は義務制） ・義務教育は6歳（就学前教育）と，7歳から16歳までの10年間 ・9年生の後に，任意で第10学年が選択できる。 ・義務教育学校として，基礎学校，知的障害や重度肢体不自由等の障害のある子どもを対象とする特別学校がある。 ・国立特別学校は6校あり，全国に対するセンター的機能も担う。 ・後期中等教育は大きく二つに区分され，後期中等普通教育と後期中等職業教育・訓練がある。
インクルーシブ教育関連の法令	・義務教育：基礎教育法，基礎学校ナショナルカリキュラムは，現在の教育制度を形作った1970年代以降，1970年，1985年，1994年，2004年，2014年（導入は2016年）にそれぞれ告示 ・後期中等普通教育：高校法（Lukiolaki），高校ナショナルカリキュラム（Lukion opetussuunnitelman perusteet） ・障害者サービス法 ・発達障害者法 ・病弱者福祉法
特別教育	・義務教育における三段階支援 ※特別教育の利用時間が部分的（パートタイム）であるときにはパートタイム特別教育という表現を用いる。
特別教育の措置決定の方法	①一般支援：必要に応じて誰でもが対象，学習計画は任意で作成 ②強化支援：一般支援が十分でなかった場合に，教育的評価が行われ，強化支援の措置となる，学習計画は必須 ③特別支援：強化支援が十分でなかった場合に，教育的判定が行われ，特別支援の措置となる，個別教育計画は必須 ※第三段階の「個別教育計画」作成においては，利用可能な支援策の全範囲を使用することができる。
インクルーシブ教育の割合（分離型教育の割合）	・義務教育学校数2,187校，特別学校63校（2019年秋学期） ・義務教育学校就学児数564,100人（2019年） ・義務教育学校就学児のうち強化支援11.6%（2019年） ・義務教育学校就学児のうち特別支援8.5%（2019年） (Statistic Finland, 2016; 2019)
学校教職員（職種）	校長，教頭・主任，担任教員，教科教員，特別教員，アシスタント教員（特定の学級やグループ，特定の子どもの教育を補助する教員），学校教育補助員（全校を対象に補助に入る補助員），学校心理士，学校福祉士，キャリアカウンセラー，学校看護師等
義務教育制学校ととくに関係のある他機関	国立教育庁，国家教育委員会，特別学校・学習相談ネットワークセンター（Valteri：学校機能も有する6施設からなるセンター） 母親ネウボラ，育児ネウボラ，家族ネウボラ，家庭相談所，自治体の社会福祉事務所，自治体の保健センター

ル・カリキュラムの策定・実施，教育補助金の割り当て，学級規模の決定，教職員採用，教員への評価，教育の質の保障を担当する（Finnish National Board of Education, 2016b）。各学校で個別学校計画を作成する自治体もある。

　フィンランドのネウボラは近年日本においても注目されており，日本の保健センターや家庭支援センターに相当する。母親ネウボラと育児ネウボラが保健センター的機能であるのに対し，家族ネウボラは福祉センター的機能を有している。出産支援に関連し，出産を控えた夫婦や（婚姻していない）カップルは，居住地域の母親ネウボラで出産準備のための講習やトレーニング，乳幼児ケアについての指導，妊婦・胎児の健康診断等の保健・医療サービスを受ける。出産後には，母親ネウボラや家庭相談所に隣接していることが多い育児ネウボラで，乳幼児健診，乳幼児のための予防接種，子育てについてのカウンセリングを受ける。家族ネウボラは，就学児の子育てについての相談や発達支援を行い，自治体の福祉事務所と密に連携を取り，家族ネウボラから社会福祉事務所につなげることも多い。

　学校では，支援が必要な子どもについて協議する「生徒援護チーム（Oppilaiden hyvinvointi）」が組織されている。「生徒援護チーム」の構成員は，校長，学校心理士，学校福祉士，学校看護師，キャリアカウンセラー，特別教員，学級担任，保護者などであり，保護者はつねにグループの活動に関与することができる（是永，2015）。ただし，学校心理士がかかわる子どもの心理的な問題について，当該児が望み危機介入の緊急性が認められない場合には秘密保持の観点から保護者に詳細を伝えない場合もある。また，チームはいつも全員が揃って活動するのではなく，事例に応じて必要なメンバーでケース会議（会議の前段階の打ち合わせや情報共有を含む）を行い，支援計画を立て，介入を行う。

　国立特別学校は国立の特別教育支援センター的機能を果たす。国立の六つの特別学校は，学校機能も残しながら，2015年8月以降は6センター（①Mikael学校；Mikkeli市，②Mäntykangas学校；Kuopio市，③Ruskis学校；Helsinki市，④Skilla学校；Helsinki市，⑤Onerva学校；Jyväskylä市，⑥Tervaväylä学校；Oulu市）で特別学校・学習相談ネットワークセンター（VALTERI）として運営され

ている。具体的には，巡回相談，学校や自治体，障害児とその家庭へのカウンセリング，短期間支援，評価，リハビリテーションサービス，就労カウンセリングと職場での就労支援職員研修等を行う。

2　すべての者のための学校

（1）学校からのドロップアウトを減らすために必要なこと

　フィンランドにおいて，大半の子どもにとって学校はなんら「問題のない」状況にある。つまり85〜90％の子どもは大きく外れることなく教育を修了し卒業する。また，学校を中退していく子どもたちは1％以下である。一方，義務教育後の後期中等教育では，6〜7％の子どもが不登校や退学によりドロップアウトしてしまう。後に教育の場に戻ってくる者も多いとはいえ，このドロップアウトは，我々にとっての課題と言える。そこで，「子どもはドロップアウトする機会があるとドロップアウトしてしまう」という仮説を立て，子どものエンゲージメント，すなわち「子どもと学校が一体となり，双方の成長に貢献し合う関係」性に着目をした。

　双方の成長に貢献し合う関係性を目指すためには，子どものニーズに応えられる学校づくりが必要となってくるが，次のような三段階で，学校機能の向上が求められるだろう。

　①学校制度と構造：政策の問題でもあり，国や自治体が教育政策として何を求めるのかということでもある。

　②学校のレベル：教育のレベルでもあり，教職員の能力，資質，技量などが問われるところである。

　③子どものレベル：子どもは多様であり，そのニーズに応えるための教授法が大切となる。

　また，表6-2から示唆されるのは，子どもへの期待値が低ければそのことがその子どもに伝わってしまうかもしれないということである。

　ところで，先日，筆者（クオレライヒ）は他国の研究者らとともに日本の学

表6-2　子どもと学校の関係図

教員が教室で私を尊重してくれなかった	⇔	その子どもは敵意をもっていた
他の同級生が私のことを嫌っていた	⇔	教室で孤立していた
誰も私には期待してくれていなかった	⇔	学校にさえ来てくれればよいということで私に対する期待値はない

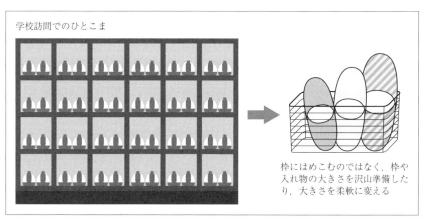

図6-6　インクルーシブな教育の考え方

校を訪問する機会があった。その学校では内履きを使用しており，来客者にはスリッパが用意されていた。綺麗にされていて素晴らしいと思う反面，ワンサイズのスリッパしか準備されておらず，筆者もそして他の男性研究者も足が入らなくて困ってしまった。インクルーシブ教育を研究している者の視点では，「ある学校の中に一つのサイズのスリッパしかないのはインクルーシブ教育ではなく，いろいろな場面や設定に対して柔軟でなければならない」。すなわち，一つのサイズに当てはまるという時代は終わったということである（図6-6）。

　フィンランドでは，特別教育に必要な特別学校・センターは残しつつも，できるだけ多くの子どもが他の子どもたちと同じ学校で学ぶことができる仕組みに変えてきた。すなわち，分離した特別学校に子どもが行くのでなく，基礎学校の中に支援を入れ込むことがフィンランドの教育において志向すべき方向性と考えられている。このような仕組みづくりの結果，特別学校在籍児の割合は

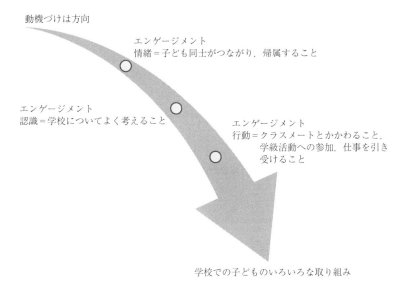

動機づけは方向

エンゲージメント
情緒＝子ども同士がつながり，帰属すること

エンゲージメント
認識＝学校についてよく考えること

エンゲージメント
行動＝クラスメートとかかわること，
　　　学級活動への参加，仕事を引き
　　　受けること

学校での子どものいろいろな取り組み

図6-7　学校での子どもの取り組み
（出所）筆者（クオレライヒ）の図をもとに石田が作成

1990年代の2％から2015年には0.8％にまで減少した。

（2）インクルーシブな学校と子どもの参加

社会情緒的能力と子どものエンゲージメント

　社会情緒的能力とは，「社会的状況を理解し，それを解釈し，様々な状況下で適切に行動するとともに情緒的反応を制御できる」能力である（Lappalainen, Hotulainen, Kuorelahti & Thuneberg, 2008）。社会情緒的能力に注目することで，子どもの参画を促進することができると考えられる。つまり，叱ることや罰といった制裁によって行動上の混乱を除いていくより，社会情緒的能力を子どもに直接教える方が効果的である。

　また，子どものエンゲージメント（訳注：ここでは，やるべきことに対する取り組みのような意味）が低い場面があったとして，教員は必ずしもその状況を捉えきれていないことが推測される。それゆえ，子どもと教員間の関係性が重要で

1. 学校外の専門機関への参加 	• 積極的な発達を促進する • 危険な行動や犯罪から守る
2. 学校での参加 	• 在籍を促進する • 卒業を奨励する • 中退から守る
3. クラスでの参加 	• 達成を促進する • 落第から守る
4. 学習活動への参加 	• 学習する力を促進する • 対応力を促進する • 回復力を促進する

図6-8　動機づけの原動力モデル

（出所）筆者（クオレライヒ）の図をもとに石田が作成

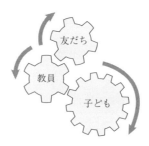

図6-9　動機づけの状況

（出所）筆者（クオレライヒ）の図をもとに石田が作成

状況・支援		子どもの参加		結　果	
家族	学問への動機づけ 期待	行動	出席，参加，課題 時間，関与	学習 社会性	評価，成績，卒業 関係性
友だち	学問への信念 価値，願望	情緒	帰属 学級の一員であること 学校に対するアイデン ティティ		社会的スキル 社会情緒的能力
教職員	雰囲気づくり 指示，関係性 期待	認識	自己統制 学校と学習の関係性 学校と学習の価値	感情	自己認識 感情のコントロール

子どもが参加する手段

図6-10　子どもの参加の概念構造
（出所）筆者（クオレライヒ）の図をもとに石田が作成

ある。このとき，動機づけは方向で，エンゲージメントは燃料と捉えることができる（図6-7）。

　図6-8は動機づけの原動力モデルを，図6-9は動機づけの状況を示している。社会活動への参加は「私は何かに帰属している」という意識につながる。そのため，学校における子どものエンゲージメントは，「私はこの学校の子どもである」という帰属意識をもつことに直結する。同様に，学級における子どものエンゲージメントは，「学級の一員である」，学習活動へのエンゲージメントは「私はこの学習に参加している」という気持ちとなる。逆に，もしこのようなエンゲージメントがなければ，子どもが学校にいる間中「私は正しい場所にいない」と感じ，結果，退学や低学力，勉強を続けるための関心の欠如（怠学）につながる。

子どもの参加の概念構造

　そもそも学校教職員は子どもたちが自分たちの学校をどう思っているかについてや，子どもと学校や教職員との関係性についてよく理解しているのであろうか。また，そもそもこのようなことを考え，かつ，知ることは大切なのであろうか。

　図6-10には，子どもの参加の概念構造を示した。この図は，家族，友だち，教職員の状況および子どもへの支援が子どもの参加をいかに促し，その結果，学習，社会性，感情にどのような影響を及ぼすのかについての構造を示している。

　このように，子どもと学校が一体となり，双方の成長に貢献し合う関係をつくりあげるために，○さんや○くんだけではなく，その家族，学級の子どもたちの状況を把握し，それぞれの役割や支援のあり方を考えること，子どもの帰属意識が高まるように行動，認識，情緒など各側面で子どもが参加したいと思うことや参加できる環境づくりが必要となってくる。繰り返しになるが，起こってしまったことや子どもの行動に制裁を与えるのではなく，子どもが問題となる行動を起こさないようなスキルを身につけることや「参加している」「所属している」という気持ちになる環境づくりは，インクルーシブな学校づくりにとっても重要な側面ではないだろうか。

〈文　献〉

是永かな子　2013a　フィンランドの通常学校における特別ニーズ教育の活用と学力形成　北ヨーロッパ研究，**9**，43-53.

是永かな子　2013b　フィンランドにおける段階的支援としての特別教育と個別計画の活用　高知大学教育実践研究，**27**，70-82.

是永かな子　2015　フィンランドにおけるインクルーシブ教育の特徴と実際　高知大学教育実践研究，**29**，35-49.

小曽湧司・是永かな子　2017　フィンランド・ユバスキュラ市における特別な教育的ニーズに応じる段階的支援の実際　発達障害支援システム学研究，**16**(1)，9-15.

Finnish National Board of Education　2011　*Amendments and additions to national core curriculum basic education.*

Irmeli, H., & Ritva, J.　2008　Toward inclusive education: The case of Finland. *Quarterly Review of Comparative Education*, **38**(1), 77-97.

Lappalainen, K., Hotulainen, R., Kuorelahti, M., & Thuneberg, H.　2008　Vahvuuksien tunnistaminen ja tukeminen sosioemotionaalista kompetenssia rakentamassa. *Pedagoginen hyvinvointi*. Suomen kasvatustieteellinen seura. pp. 111-131.

Ministry of Education and Culture　2010　Basic Education Act（Perusopetuslaki）Amendments up to 1136/2010.

Statistic Finland, 2016; 2019

○ Web サイト

Finnish National Board of Education　2014　Funding of pre-primary and basic education supports equity and equality.　http://www.oph.fi/download/174094_funding_in_pre-primary_and_basic_education_supports_equity_and_equality.pdf（2020年 5 月 5 日参照）

Finnish National Board of Education　2016a　National Core curriculum for basic education 2014.　http://www.oph.fi/english/curricula_and_qualifications/basic_education（2020年 5 月 5 日参照）

Finnish National Board of Education　2016b　Halinen Irmeli, Curriculum reform in Finland.　http://www.oph.fi/download/151294_ops2016_curriculum_reform_in_finland.pdf（2020年 5 月 5 日参照）

VALTERI Web サイト　https://www.valteri.fi/koulu/, https://yle.fi/uutiset/3-5909130（2020年 5 月 5 日参照）

第7章 すべての子どもに居場所のある学校をつくる
——スウェーデンの課題と実践

ギルマ・ベルハヌ／是永かな子／石田祥代

本章のねらい

　本章の目的は二つある。一つ目はスウェーデンにおけるインクルーシブな学校づくりに関する情報提供，二つ目はスウェーデンにおけるインクルーシブ教育に対する課題や対応を文化的・歴史的な視点とシステムに関して，とくに移民の子どもとインクルージョンに焦点を当てて示すことである。日本においても外国人労働者の受け入れ拡大とその支援が議論になっているようだが，社会的なコントロールによって子どもの学習が妨げられることがあり，その結果，特別な教育的ニーズが生ずることがある。より大きな社会構造の中で達成水準を上げて包括性を高めるために，移民の若者の学業（課外学習）を支援する形で，地域を「豊かにする」活動の効果について考えてみたい。

1　スウェーデンにおけるインクルーシブな学校づくり

(1) インクルーシブ教育の取り組み

　スウェーデンにおける近年の教育施策の動向としては，義務教育学校として基礎学校，知的障害特別学校，聴覚障害・重複障害特別学校，少数民族サーミ学校（サーミ族のための学校）という枠組みは維持した上で，「統合（インテグレーション）の推進」が挙げられる。スウェーデンでは今世紀に入り（2001～2004年にかけて），知的障害特別学校の「解体」や「いっそうの統合推進」が議論されたが，受け皿や代替案の不十分さによって改革議論は頓挫している（是

永, 2009)。しかしながら, 増加傾向にあった知的障害特別学校在籍児数の一つの対応策として, また, インクルーシブ教育の視点より, 2009年にアスペルガー障害の子どもは必要な支援を受けながら基礎学校に就学する方針が明示された (Skolverket, 2009a)。その後告示された, 2011年の基礎学校ナショナルカリキュラムと知的障害特別学校ナショナルカリキュラムにおいても (Skolverket, 2011a；2011b), 特別な教育的ニーズがあったとしても知的障害のない子どもは基礎学校で支援する方針が確認され, 知的障害特別学校への就学は子どもの「権利」であることが強調された。結果, 知的障害特別学校在籍児数は減少に転じたが, 不適応を示す子どもへの基礎学校での対応策が課題になった (Cervin, 2016)。

　そのため, 基礎学校の通常学級での修学が困難な場合には資源を付加したリソース学校 (加瀬, 2009) を設立したり, 学習困難や学習障害, 学校不適応の状態を示す子どもを対象に①「特別な支援 (Särskilt stöd)」としての補償教育 (Anpassad studiegång) を基礎学校で保障したりすることになった。①の「特別な支援」が必要な子どもには時間割や教育課程の内容の変更が校長の判断のもと行われ, 評価についても特別な対応が行われる (Skollag, 2010：800, 3. kap §12)。加えて, ②「特別な支援のアセスメント (Utredning)」(Skollag, 2010：800, 3. kap §8), ③すべての子どもに作成される「個別発達計画」よりもさらに支援が必要な場合の「対応プログラム (Åtgärdsprogram)」(Skollag, 2010：800, 3. kap §9), ④必要に応じて編成される「特別な指導グループ (Särskild undervisningsgrupp)」や「個別指導 (Enskild undervisning)」(Skollag, 2010：800, 3. kap §11) が学校法で規定される。

　上記①から④のような特別な支援は, 知的障害特別学校, 聴覚障害・重複障害特別学校, サーミ学校においても実施される (Skollag, 2010：800, 3. kap §6-12)。

　そして近年, 知的障害児の「個の統合」も推奨されている。「個の統合」の際には基礎学校の教育課程を履修する「通常学級の子ども」と通常学級で知的障害特別学校の教育課程を履修する「統合された子ども」の両者が一つの学級

表7-1　スウェーデンにおけるインクルーシブ教育

学校制度	・0歳から6歳までは，就学前学校（Förskola）での就学前教育が保障される。 ・6歳は就学前教育の対象（2018年8月から就学前学級は義務制）。 ・義務教育は6歳と，7歳から16歳までの10年間。 ・義務教育学校として基礎学校，知的障害特別学校と，聴覚障害，重複障害，重度肢体不自由等の障害のある子どもを対象とする特別学校がある。 ・知的障害特別学校は任意で10学年が選択できる。 ・国立もしくは地域立の聴覚障害・重複障害特別学校5校は7歳から17歳までの10年間，サーミ学校では7歳から13歳までの6年間，教育が保障される。聴覚障害・重複障害特別学校は全国に対するセンター的機能も担っている。 ・後期中等教育はコース制で3年間の総合制高校と4年間の知的障害高等学校がある。 ・この他，余暇活動の場としての学童保育（Fritidshem）もナショナルカリキュラムで教育内容が規定される。
インクルーシブ教育の関連法令	・2010年に制定され，2014年に一部改訂された「学校法（Skollag 2010: 800, SFS 2014: 458）」が，学校と就学前学校の基礎的な規定 ・学校教育の具体的な内容は2011年の「学校令（Skolförordning, 2011: 185）」によって規定 ・1993年「機能障害者に対する支援とサービス（LSS）法」により国家予算でパーソナルアシスタント（Personlig assistans）を雇用する場合がある ・カリキュラムの基準（ナショナルカリキュラム，教科書等）についての根拠規定は「基礎規定（Grundföreskrift）」 ・ナショナルカリキュラム：1998年告示「就学前学校ナショナルカリキュラム」（2016年一部改訂，Skolverket, 1998），2011年告示「基礎学校ならびに基礎学校就学前学級，学童保育ナショナルカリキュラム」（2018年一部改訂，Skolverket, 2011a），2011年告示「知的障害基礎学校ナショナルカリキュラム」（2018年一部改訂，Skolverket, 2011b），2011年告示「特別学校ならびに特別学校就学前学級，学童保育」（2016年一部改訂，Skolverket, 2011d），2011年告示「サーミ学校ならびにサーミ学校就学前学級，学童保育ナショナルカリキュラム」（2016年一部改訂，Skolverket, 2011c），2011年告示「総合制高校ナショナルカリキュラム」（Skolverket, 2011e），2013年告示「知的障害高等学校ナショナルカリキュラム」（Skolverket, 2013）
特別教育の種別	・特別な支援を受ける対象となる子どもの分類は，機能障害（Funktionsnedsättning）と言われる。 以下，国立特別教育学校当局SPSMによる。 ・聾もしくは難聴 ・聾もしくは付加的な障害との組み合わせの聴覚障害読字書字困難／ディスレキシア ・精神神経疾患 ・算数困難 ・医学的障害 ・肢体不自由 ・言語障害 ・視覚障害と聴覚障害もしくは盲聾 ・弱視 ・知的障害

特別教育の措置決定の方法	・知的障害特別学校の就学は権利であり (Skolverket, 2009a；2009b；Lag, 1995: 1249)，就学支援にはその権利を有するかを第一に判断する。 ・就学検討会として，事前の情報提供のもと就学先の提案を行うために専門家がかかわる。 ・就学検討会には子どもにかかわる者が参加し，本人や保護者も可能な限り参加する。本人や保護者の参加が困難な場合は代弁者としてのコンタクトパーソンを通じて意見表明したり，コンタクトパーソンから情報を提供されたりする。 ・コンタクトパーソンは，検討会に参加する4領域の専門家で教育（就学前学校教員，教員等），心理（心理士，作業療法士，理学療法士等），社会福祉（学校福祉士やハビリテーリングセンター (Habiliterigen) のソーシャルワーカー等），医学（医師等）のうち1名もしくは保護者に近い代弁者が担当する。 ・検討会で示されるのは学習評価，能力評価，医学的な知見等教育，医療・心理・社会面の4領域の情報である。必要に応じて家族に関する情報も提供される。就学時のみならず教育支援としての修学相談は随時行われる。 ・検討会によって就学先が具体化され，提案が示される。必要に応じて母語通訳や手話通訳も保障され，母語教員も子どもの言語能力の評価のために招聘される場合がある。 ・就学検討会の開催，保護者への情報提供，就学先の決定や保護者が私立学校や他自治体の学校就学を希望したとき等の調整等は，子どもが居住する自治体に義務が課せられている。 ・合意形成の仕組みづくりとして，選択肢の提示や提案に対する保護者の見解表明，修学状況のテストや専門家評価による客観的把握を基本として，随時協議が行われる。 ・協議が難航した場合は本人・保護者は学校制度不服申し立て当局 (Skolväsendets överklagandenämnd) やオンブズマンに訴えることができる（是永, 2012）。
インクルーシブ教育の割合（分離型教育の割合）	各学校の子ども数を以下に示す。 基礎学校は2019年秋学期1,090,000人，知的障害特別学校は2018年秋学期11,100人，聴覚障害・重複障害学校は2018年秋学期659人，知的障害高等学校は2019年秋学期6,380人，高等学校は2018年秋学期352,300人である (Skolverket)。
学校教職員（職種）	校長，担任教員，教科教員，特別教員 (Speciallärare：教員免許に加え特別教員の有資格者で特別な指導方法を用いて子どもや教員を支援する)，特別教育家 (Specialpedagog：教員免許に加え特別教育家の有資格者で学校全体を支援する)，学校心理士，学校教育補助員（主に学級全体を支援する，教員免許は必要ではない），生徒アシスタント（主に特定の子どもを支援する，教員免許は必要ではない），学校福祉士 (Kurator)，学校看護師，他に主に医療機関に所属して医療を基礎に支援する言語聴覚士 (Logoped) と主に教育機関に所属して教育を基礎とする言語教員 (Talpedagog)
義務教育学校ととくに関係のある他機関	医療・療育機関ハビリテーリングセンター，国立特別教育学校当局，学校庁，学校視学官 (Skolinspektionen)，シグトゥナ市言語障害リソースセンター，国立視覚障害リソースセンター，スウェーデン労働市場庁 (Arbetsförmedlingen)，スウェーデン社会保険当局 (Försäkringskassan)，学校制度不服申し立て当局などがある。 不登校対応や不適応，精神的な医療的ケアに関しては，児童思春期精神科 (Barn och Ungdomspsykiatrin：BUP) に連絡を取ることもある。

に在籍することになる。このような学級では，必要に応じて配置されるアシスタント教員（Assistent lärare）や生徒アシスタント（Elevassistent），特別教員（表7‐1参照）と担任教員（または教科教員）が協働し，学級内に存在する二つの教育課程や子どもに応じた評価を念頭に教育することが求められる（Skolverket, 2015）。

（2）義務教育学校ととくに関係する機関・専門職

　スウェーデンでは，視覚障害，一部を除く肢体不自由，病弱の子どもを対象とした特別学校はない。視覚障害は1986年に最後の特別学校が廃止され，リソースセンター（Resurscenter syn）が設置された。よって重複の障害でなく，常時の医療支援は必要としない視覚障害，肢体不自由，病弱の子どもは基礎学校に就学する。

　基礎学校では，必要に応じて特別教員，特別教育家（表7‐1参照）や国立特別教育学校当局の専門スタッフの助言，あるいは，学校教育補助員や生徒アシスタントの支援を受ける。もしくは県の医療・療育機関であるハビリテーリングセンターや病院（病気のために学校に通学できない子どもは医師の同意のもと病院や自宅で教育を受けることができる）の連携による支援を受け修学する。基礎学校には，学校福祉士，言語療法士等も配置されている。特別な支援は学校の心理士，学校看護師，学校福祉士，キャリアカウンセラーや校長がメンバーである「子ども健康チーム（Elevhälsoteam）」で判断する。このチームは特別支援の対象となる子ども，「基礎学校ならびに基礎学校就学前学級，学童保育ナショナルカリキュラム」に適応できない「対応プログラム」の対象となる子どもの判断のみならず，情緒が不安定な子どもへの対応や，いじめ，不登校への対応も協議する。

　肢体不自由児の就学に際しては，県に相当するレーン（Län）の医療・療育機関で，障害に関する各種相談，療育・機能訓練・各種の療法，ショートステイなどが行われるハビリテーリングセンターのスタッフチーム（医師，看護師，作業療法士，理学療法士，言語療法士，心理士，医療ソーシャルワーカー，特別教員，

余暇コンサルタント，車椅子修理のための裁縫士や技術者などの専門家のうち支援にかかわる者によって編成）や県の補助器具センターなどとの連携によって子どもに適した学習環境が整備される。現在は，特例として，より専門的な教育と支援が必要な肢体不自由児を対象に国立特別学校が4校設置されており，高等部も設けられている。

　国レベルには，教育や研究に関する規定や政策を担当する教育局（Utbildningsdepartement）と，全国統一テスト（Nationella prov）を含めた教育の質の保障を担当し，ナショナルカリキュラム（Läroplan）や教育内容（Kursplan）を告示する学校庁（Skolverket）がある。教育の質を担保するために学校視学官制度があり，学校視学官は4年ごとに学校を調査・評価する。評価にあたっては，学校の活動や自治体教育委員会の活動の視察，学校長や教職員，子どもや保護者に対する聞き取り調査が含まれる（是永，2015）。加えて，国立特別教育学校当局が特別教育支援や研修，教材開発，特別学校での教育，研究・開発に責任を負う。

　国の統治の下，県に相当する21のレーンと地方行政区分として県民を代表する20のランスティング（Landsing）が存在する（スウェーデン南部のゴットランド地域はレーンがランスティングの役割を担っているため）。レーンは国の出先機関（法律・行政），ランスティングは自治体規模で対応できない領域（保健，医療）の業務を担当し，健康医療ケア法（Hälso-och sjukvårdslagen）の適応範囲である医療・療育機関のハビリテーリングセンターを管轄する。

　生活全般に関する業務を担うのは市に相当する290のコミューン（Kommun：以下，自治体とする）で，義務教育とそれ以前の教育・福祉等，具体的には，義務教育学校，就学前学校，就学前学級，学童保育を管轄する。

2　インクルーシブ社会と持続可能な社会の発展

（1）インクルーシブ教育の現代的課題

社会の変化と教育の平等・公平性の希求

　インクルーシブ教育は大きな望みを掲げた広範にわたる概念であり，ブースら（Booth, Ainscow, Black-Hawkins, Vaughan, & Shaw, 2000；Kalambouka, Farrell, Dyson, & Kaplan, 2005 as cited in Artiles, Kozleski, Dorn, & Christensen, 2006）によれば，その概念は①すべての子ども（周辺化された，もしくは弱者の集団だけでなく）のアクセス手段を増やすため，②学校の全教職員やすべての子どもへの受容を増やすため，③子どもの様々な分野における活動への参加を最大にするため，④すべての子どもの到達度を高めるために，学校文化の変化に焦点が当てられている。

　スウェーデンの社会福祉と教育の政策は，伝統的に，普遍主義の強固な哲学や市民権の平等な権利，包括性，社会的インクルージョンや資源の平等を促進するための道具としての「連帯」によって支持されてきた。しかし過去数十年のうちに，スウェーデンは劇的な変化を経験した。教育についても，子どもや保護者の私立学校への選択が激増し，市場による問題解決が増え，学校でも競争・有効性・標準化のような新自由主義の原理が顕在化している。そしてそれらのすべてが潜在的に多様性の価値や公平性，包括性に相反する要因となっている。社会的に不利な立場にある少数民族集団の社会的無視や人種差別が増え，成績や財産の違いは学校や自治体間，子ども間の格差となっている。

　様々な教育政策を通して行われた公平性を奨励する過去の取り組みの中には魅力的な取り組みもあった。社会福祉モデルに焦点を置いた大きな政治的議題を含む早期の教育政策は，特異な社会的・文化的・経済的背景が及ぼす影響を少なくすることに貢献したが，上記のように，近年は脅威にさらされていると言ってよいだろう。しかし，効果的な監視システムやより強い連携，政府と自治体のシステム間の明白な役割分担，それぞれの関係を結合させた様々な社会

的・教育的手段によって事態を軽くする望みもまだいくらかある。そのため，変化を伴う過程における研究や追跡調査はきわめて重要であると言える。

インクルーシブ教育の誤解

　ところで，これまで言及してきたインクルーシブ教育についてであるが，筆者（ベルハヌ）自身，誤解や誤った方法で行われていると感じることが多いのもまた事実である。たとえば，学校で行われるのがインクルーシブ教育と思っている人もいるが，実際には，学校を超える場合もある。また，知的障害や身体障害，精神障害に関連した特別教育（日本では特別支援教育）は成立している一方で，移民の子どもや社会集団における道徳的な慣習の問題に関連した特別教育や専門家は少ない。このような中，たくさんの移民を受け入れてきたスウェーデンでは多くの移民が特別教育の対象児となっている。同時に，近年は人口の半分以上が移民であり，11の地域に移民人口が集中し，移民と移民以外が分離されているという問題もある。

　エチオピア出身である筆者は，筆者自身がロールモデルとなるように努めており，学校を退学し自己イメージが崩れた移民の青少年と接触し，生活を支援し，彼らが地域に参加できるような活動を行い，成績が向上するような動機づけを行う活動を行っている。

集団的孤立

　インフォーマルな社会活動，家族支援，持続可能な支援は，特別教育を含むすべての教育で非常に重要な要素を占めている。たとえば，地理的に移民が集中している地域では，移民の学業成績の不振が懸念の一つになっていることが多い。

　ヨーロッパの中でドイツとスウェーデンが移民をもっとも多く受け入れているが，近年では宗教上の理由や内戦による難民の受け入れを通して，ヨーロッパ各地で移民に関連した多様な対立が起きている。スウェーデンでは1991年に教育の地方分権化が進んだため，インクルーシブ教育が容易になったと思われがちだが，異なる背景をもつ子どもたちが集まってくる中で，新たな課題も浮上してきた。すなわち，スウェーデンの様々な教育改革を通してインクルーシ

ブ教育を容易に実践できるようなシステムをつくりあげたという遺産がある一方で，新たな政策によってこれまでの伝統的な教育がうまくいかないような状況も生まれている。「平等」「公正」に反する二つの新しい政策の例としては，①保護者の選択性が尊重され，私立学校と呼称される自立型の学校を選択したい保護者が増加している，②公立の基礎学校に子どもを入学させないという保護者の選択ができる，という二点が挙げられる。このような結果，教育現場に障害や問題のある子どもたちがいるとき，自分の子どもをそのような学校に就学させたがらない保護者も出てきた。

（2）インクルーシブ教育と外国に背景をもつ子どもたち

外国に背景をもつ子どもと学校

　近年，大量の移民が入国した結果として，学校制度に重大な圧力がかけられている。この急速な人口の変化は民族の人種差別や不平等をもたらし，これらは一般に社会的インクルージョン，とりわけ教育的インクルージョンの点から，政策立案者に重大な異議を唱えるものである。スウェーデンの文化的・政治的遺産は，サラマンカ声明の中で予想されたインクルーシブ教育を十分に実行するための理想だったかもしれない（UNESCO, 1994）。しかし，新しい政治運動や教育政策は，基本的な平等の問題だけでなく，普遍主義や包括性，平等主義といった長きにわたるスウェーデン文化に矛盾し対立した現実をもつくっている。スウェーデンにおける課題はこれらの変化に対応して，学校制度における等価をさらに保障することである。

インクルージョンの視点からの移民問題

　インクルーシブ教育は障害によって生じる特別なニーズを超えて広がり，性別や貧困，言語，民族，地理的隔離のような不利な立場や疎外化といった他の原因を考慮することも含んでいる（本書第1～第3章を参照）。これらの要因間で存在する複雑な相関や障害との相互作用もまた注目されなければならない（Mitchell, 2005）。学校制度が過去20年間，多数の移民が原因で重大な圧力を受けていることは明らかである。この外的な打撃は民族的な環境や構成を劇的に

変化させ，スウェーデンを多文化主義や国際化の時代へと導くといった肯定的
な側面に結びついた。一方，否定的な側面としては，この急激な人口統計の変
化は，地方分権や競争が原因で自治体と社会集団の間ですでに存在する不平等
に加え，とくに大都市に民族的分離や不平等をもたらした。

　スウェーデンは多文化主義や文化的多様性を明確に採用しているものの
(Skolverket, 1994)，民族性，肌の色，人種のような定義は教育的政策や学校の
教育実践においては曖昧なままである。民族性や社会経済的要因，特別教育，
性別などの間で存在する複雑な関係は近年，関心のある研究テーマになってい
る（Rosenqvist, 2007；Berhanu, 2008)。

　過去20年で筆者たちが目撃した教育的政策立案の分裂状態は，とくに機能障
害の子どもや少数民族の子ども，社会的に不利な階層の子どもといった，すで
に弱い集団の中でマイナスに影響する。多数の要因によって，スウェーデン社
会はこれからの20年にわたってますます多民族化や多言語化が進み，不利な立
場にいる子どもの数は増加すると推定される。

（3）外国に背景をもつ子どもへの支援の取り組み

分離や孤立がもたらすこと

　グスタフソン（Gustafsson, 2006）による報告は，1992年から2000年までの間
に外国にルーツがあること，教育的な背景，階級に関係して着実に分離が増加
したと結論づけている。子ども集団間の流動的な学業成績を観察することで全
国的な追跡が可能になるが，外国に背景をもつ子どもは，その他の子どもに比
べて平均より低い成績を示しており，高等教育から脱落する確率が高くなる。

　さらに，最近のグスタフソン（Gustafsson, J. E.）とハンソン（Hanson, K.）に
よる研究で，貧困の厳しい地域は，住民の潜在能力を開発するために必要な社
会資源やネットワークから人を孤立させ，地域の人的資源も奪われた状況にあ
ると報告された。研究者たちは郊外（förorten：都市から離れた地域にある場所)
の貧困が増加することによって，分離状態にある地域におけるコミュニティと
住民間の力学を説明しようと努めている。また，貧しい都市近辺の少数派の住

民とますます狭まる雇用機会との間の「地域的な不釣り合い」は，犯罪や中産階級住民のよりよい地域への移動（「もともといたスウェーデン出身の住民の移動」現象を含む），慢性的に低い学業成績に対応するための資源や蓄えの不足，雇用機会や様々な組織の財源の不足，といった他の問題もより深刻化させるということが研究者らによって力説されている。このような障壁の組み合わせは，そこで成長し，暮らす人々の機会をさらに制限し，その結果，重大な犯罪を引き起こす可能性や健康・教育に悪影響のあるコミュニティを創り出す。

　難民やその子どもたちは少なくとも一定期間は，たいてい仲間の難民たちが高度に密集している地域に住んでいる。かなりの貧困レベルにあるこれらの地域は，その土地生まれの貧しい人々の集団の近くに位置しているのが典型的である。極端に貧しい地域に住むことが，貧困問題を悪化させ経済的機会を制限する「集中効果」につながるということは世間一般の見解である。

　移民が，貧困地域の犯罪や暴力集団，荒廃した住宅，問題のある学校を免れられない一方で，移民地域が，組織や固有の情報ネットワーク，文化的習慣の創造など有利な側面も有することが主張されている。先行研究では，家庭学習支援や課外活動といった形での公平で最低限の支援は移民の子どもが家庭学習に取り組むことへの関与と関連していることが強調されている。

社会的に不利な立場にいる子どもへの社会的側面からの支援

　近年，家庭学習がどれだけ大切かについての議論が行われ始めている。とくに外国に背景をもつ子どもに対して，学校の外でも支援が受けられることは当然の社会的支援であると筆者（ベルハヌ）は考えている。

　たとえば，デンマークで行われた調査によれば，「親がどれだけ家庭学習にかかわるか」に対し，自国出身の子どもは，外国出身の子どもよりも親の関与が４倍高い結果であった。また，ギャンググループの一員である２名が起こした事件で，若者のうちの１名は18歳で，ある一人の人物を狙っていたのだが，結果として10名を銃で撃って死亡させるという事件があった。この犯罪はけっして許されるべきものではない。しかしながら，この２名の犯罪者の家族背景を調べた結果，最初は一般的な普通の子どもであったのに，家族がバラバラに

図 7 - 1　大学での課外学習活動

なっていくことに対して誰からもまったく配慮が払われていなかった，という
事実が指摘された。

　現在，筆者（ベルハヌ）を中心とした大学のグループでは，家庭学習支援を
提供している（図7-1）。対象は，移民のみならず社会的に不利な立場にある
すべての子どもであり，このような子どもへの誤解を解消しようとする試みで
ある。これまででもっとも効果があったのが宗教に関するかかわりであった。
たとえばエチオピア宗教教会では母語教育や家庭学習の場の提供の他，「落ち
こぼれは誰もいないのだ」という話を子どもに行う機会を保障している。

学校外の支援はよい影響を及ぼす

　筆者（ベルハヌ）による研究の成果として，子どもの多くが学校外で支援を
受けられることで，子どもがよい影響を受けていることが示された。他方で，
この活動に参加している子どもの大半が女子で，男子の参加が少なく，この点
は今後力を入れていかなくてはならないところである。参加している女子生徒
によれば，大学でサポートが受けられること，活動拠点はリラックスできる場
所であること，帰宅後，家業や家事の手伝いや，きょうだいの世話をしなくて
はならないため家に帰りたくないといった感想が寄せられている。また，活動
の限界として，筆者がかかわっている活動グループが直接的に影響を及ぼせる
のは最高でも50人程度であり，何千人もの人は援助できない。しかしながら，
小さな活動であったとしても，変革が不可能ではないということが重要な点で

あり，実際的な支援を行うことが変革につながると考えている。

　ところで，学校にいる子どもについて考える際，簡単な要因のみが子どもに影響を与えているわけではない。子どもをとりまく環境として，学校側の要因もあれば，子どもに影響を与えている学校以外の要因もある。そのため，ニーズをアセスメントするときに，慎重にしなければならないことは言うまでもない。さらに，貧困な地域は，構造的な差別が行われる場となっていることがある。

　最後に，地域センターにチューターを配置して勉強を支援する等，子どもに対し，学校外で勉強できる支援システムが必要であることをあらためて強調したい。家族，学校，地域社会の関係性を強化すること，親を巻き込んでいくことが重要であり，親の理解を得るために教育現場に携わる者一人ひとりの努力が必要不可欠である。

〈文　献〉

加瀬進　2009　スウェーデンの学校教育〈個別支援計画〉─〈個別支援計画〉の推進を支える制度的基盤を中心に─　東京学芸大学紀要　総合教育科学系，**60**，245-254.

是永かな子　2009　スウェーデンにおける教育政策の立案と評価に関するシステムの研究（その3）2002年の「カールベック委員会（Carlbeck-kommitten）」の検討を中心に　高知大学教育学部研究報告，**6**（9），71-82.

是永かな子　2012　5章〈スウェーデン〉就修学支援システムと保護者との合意形成　渡部昭男（編著）　日本型インクルーシブ教育システムへの道　三学出版　pp. 80-96.

是永かな子　2015　インクルーシブ教育の背景要因としての地方分権の進展と教育行政の役割分担─スウェーデン・イェーテボリ市の事例を中心に─　高知大学教育学部研究報告，**75**，161-167.

Artiles, A. J., Kozleski, E. B., Dorn, S., & Christensen, C.　2006　Learning in inclusive education research: Re-mediating theory and methods with a transformative agenda. *Review of Research in Education,* **30**, 65-108. DOI: 10.3102/0091732X030001065.

Berhanu, G.　2008　Ethnic minority pupils in Swedish schools: Some trends in over-representation of minority pupils in special educational programs. *International*

Journal of Special Education, **23**(3), 17-29.

Berhanu, G.　2015　Study on the diversity within the teaching profession with particular focus on migrant and/or minority background. Country profile, Sweden. ECORYS: EU Project, Review article.

Booth, T., Ainscow, M., Black-Hawkins, K., Vaughan, M., & Shaw, L.　2000　*Index for Inclusion.* Bristol: Centre for Studies on Inclusive Education.

Cervin, E.　2016　Här kan Emelie andas ut. *Specialpedagogik,* **1**, 27-30.

Gustafsson, J.-E.　2006　*Barns utbildningssituation.* Bidrag till ett kommunalt barnindex [Children's educational situation. Contribution to a local child index; in Swedish]. Stockholm, Sweden: Rädda Barnen.

Kalambouka, A., Farrell, P., Dyson, A., & Kaplan, I.　2005　The impact of population inclusivity in schools on student outcomes. In *Research evidence in education library.* London: Institute of Education, University of London.

Lag　1995: 1249　om försöksverksamhet med ökat föraldrainflytande över utvecklingsstörda barns skolgång.

Mitchell, D.　2005　Introduction: Sixteen propositions on the contexts of inclusive education. In Mitchell, D. (Ed.), *Contextualizing inclusive education: Evaluating old and new international perspectives.* London: Routledge/Falmer. pp. 1-21.

Rosenqvist, J.　2007　*Specialpedagogik i mångfaldens Sverige: Om elever med annan etnisk bakgrund än svensk i särskolan* [Special education in multicultural Sweden: Ethnic minority pupils in education for intellectually disabled]. (Ett samarbetsprojekt mellan Specialpedagogiska institutet och Högskolan Kristianstad (HKr), Specialpedagogiska institutet.

SFS　2014: 458　Lag om ändring i skollagen (2010: 800)

Skollag　2010: 800　Svensk författningssamling

Skolverket　1998　*Läroplan för förskolan, Lpfö 98 REVIDERAD 2016.*

Skolverket　2009a　*Skolan och Aspergers syndrome Erfarenheter från skolpersonal och forskare,* Rapport 334.

Skolverket　2009b　*Särskolan-en skolform för mitt barn.*

Skolverket　2009c　*Särskolan Hur fungerar den?*

Skolverket　2011a　*Läroplan för grundskolan, förskoleklassen och fritidshemmet*

2011 REVIDERAD 2018.

Skolverket　2011b　*Läroplan för grundsärskolan 2011 REVIDERAD 2018.*

Skolverket　2011c　*Läroplan för sameskolan, förskoleklassen och fritidshemmet 2011 REVIDERAD 2016.*

Skolverket　2011d　*Läroplan för specialskolan, förskoleklassen och fritidshemmet 2011 REVIDERAD 2016.*

Skolverket　2011e　*Läroplan för gymnasieskolan, Läroplan, examensmål och gymnasiegemensamma ämnen för gymnasieskola 2011.*

Skolverket　2013　*Läroplan för gymnasiesärskolan 2013.*

UNESCO　1994　*The Salamanca statement and framework for action on special needs education.* Adopted by the World Conference on Special Needs Education: Access and Quality. Salamanca, Spain, June 7-10.

○ **Web サイト**

Skolförordning 2011: 185　http://www.riksdagen.se/sv/dokument-lagar/dokument/svensk-forfattningssamling/skolforordning-2011185_sfs-2011-185（2020年 6 月14日参照）

Skolverket, Sök statistik　https://www.skolverket.se/skolutveckling/statistik/snabbfakta-utbildningsstatistik（2020年 6 月14日参照）

Skolverket　1994　1994 års läroplan för det obligatoriska. skolväsendet, förskoleklassen och. fritidshemmet, LPO 94　https://www.skolverket.se/publikationsserier/styrdokument/2006/laroplan-for-det-obligatoriska-skolvasendet-forskoleklassen-och-fritidshemmet---lpo-94?id=1069（2020年11月 9 日参照）

Skolverket　2015　*Integrerade elever.*　https://www.skolverket.se/sitevision/proxy/om-oss/publikationer-och-nyhetsbrev/sok-publikationer/svid12_5dfee44715d35a5cdfa2899/55935574/wtpub/ws/skolbok/wpubext/trycksak/Blob/pdf3388.pdf?k=3388（2020年 6 月14日参照）

Skolväsendets överklagandenämnd（学校制度不服申し立て当局）　http://www.overklagandenamnden.se/（2020年 6 月14日参照）

SPSM（Specialpedagogiska skolmyndighet）　https://www.spsm.se/（2020年 6 月14日参照）

第8章 いじめをなくすための学校づくり
——デンマークの課題と実践

スティーネ カプラン・ヨーイェンセン／是永かな子／石田祥代

```
―― 本章のねらい ――
  本章の目的は二つある。一つはデンマークにおけるインクルーシブ教育を概観す
ることである。もともとデンマークでは，日本と同じように県単位，市単位の自治
体があり，それぞれ役割と機能を分担してきた。県単位の自治体をなくす大規模な
地方自治体改革によってデンマークのインクルーシブ教育にいかなる影響が及ぼさ
れたのかについては第2章でも触れているが，本章であらためて確認をしたい。第
二には，学習コミュニティの観点からインクルーシブ教育を理解しようとすること
である。日本においてもいじめは深刻な問題であるということを把握しているが，
北欧においても問題が顕在化している。本章では，いじめられる子どもといじめる
子どものどちらかが悪い・悪くないと論じるのではなく，学習コミュニティや子ど
もの集団という点から見ていきたい。本書で示されたことを学校教職員および関係
者が理解し，実践現場で役立てていただければ，これほど嬉しいことはない。いじ
めは，その背景要因として様々なことを挙げることができるであろう。しかしなが
ら，一人ひとりの子どもが同級生から受け入れられる環境づくりを我々教育に関係
する者は怠ってはならないのではないだろうか。
```

1　デンマークにおけるインクルーシブな学校づくり

（1）インクルーシブ教育の取り組み

　1994年に国連のサマランカ声明でインクルージョンが提唱されて以来，デン
マークも，他の多くのヨーロッパ諸国と同様に，「みんなのための学校」の発

105

展としてのインクルーシブ教育を進めてきた（第1章参照）。とりわけ，過去10年間は自治体改組に伴う特別教育の変革で，一時は分離的な教育の対象が増大することになったものの，その後は国家プロジェクトとして全国的にインクルーシブ教育の目標値を定め，プロジェクトモデルとなる自治体（コムーネ）を評価するなどしてインクルーシブ教育を各自治体が工夫しながら推進してきた。したがって，教育制度の特徴としては，地方分権の強力な推進と多様な選択肢の提供があり，インクルージョンがたんなるイデオロギーではなく，国民の期待を背負った具体的な政策課題と見なされている。

　デンマークは2007年1月から県に相当する14のアムトを廃止し，生活・教育の基本単位を市に相当するコムーネ（Kommune：以下，自治体とする）に移行させ，一層の地方分権を進めた（Indenrigs-og Sundhedsministeriet, 2005）。同時に271あった自治体は人口3万人以上を目処に98に再編された。この大規模な改革で，国民に対する様々なサービスは大規模な変革に迫られた。

　特別教育については，県があったころのデンマークは，各自治体がその責任で特別教育を行うと同時に，国と県は比較的重度の特別な教育的ニーズのある子どもに対する特別教育を特別な教育予算で行っていた。したがって，県制度の廃止で，県立特別学校が自治体内に設置されていたかどうかや，教育予算や社会資源の多少，人口や地域産業等の自治体ごとの状況が異なる中，全国の自治体では，地域の特性を生かしながらインクルーシブ教育を具体的にどのように進めていくのかが大きな課題になったのである。

　このように，2007年の県廃止，つまり県立特別学校から自治体立特別学校の移管で，全国の自治体はその対応に迫られ，混乱の中で，分離的な特別教育の対象が全国的に一気に増加する事態となった。増加の要因としては，①他自治体から通っていた子どもが地元自治体へ転校し，空き定員に新たな子どもを受け入れたり，②他自治体の特別学校に通わせる費用よりも特別学校を新設する方が，教育費が安価であると計上し，自治体内に特別学校を設けたり，③国民学校内に新たに特別学級を設けたりするような対応策を全国の自治体が一斉に行ったことで，分離的な教育を受ける子どもの割合が一気に増加する事態に陥

った。県廃止 3 年後の2010年には，13％の子どもが分離的教育を受けており，国民学校の予算全体のうち 3 割がその教育に使用されていることに警鐘が鳴らされた。加えて，自治体間で教育に格差が生じ始めていることも指摘された（Undervisnings ministeriet, 2010）。

　このような状況から，2012年にはインクルーシブ教育に関して新しい法律が定められ，週 9 時間以上の特別教育を受ける子どもを特別教育対象児と認定することが決まった。そして，2013年の自治体合意では，2015年までには分離的教育を受ける子どもの割合を 4 ％までに減少させることが目標値とされ（後に取り消し），各自治体はインクルーシブな学校づくりをどのように進めるかを具体的に計画・実施することになった。

　2007年の自治体改革以前にも，特別学校を中心に特別教育を展開する自治体，特別学級やセンター学級（比較的大規模の義務教育制学校に複数の特別学級・特別グループが設置され，自治体のセンター的役割も果たす）を中心に特別教育を展開する自治体，通常学級を中心に特別教育を展開する自治体といった地域差はあった。このような地域差は，地方自治体改革を経てますます大きくなっているため，デンマークの教育を捉える際には，地方分権と自治体独自の実践を前提にすることが大切である。表 8 - 1 にはインクルーシブ教育の概要を示した。

（2）義務教育学校ととくに関係する機関・専門職

中央機関

　国の教育担当行政当局は教育省（Undervisningsministeriet）である。インクルーシブ教育の政策決定を行うとともに，自治体に補助金を出し教育省担当者も関与しながらインクルーシブ実践を遂行し（たとえば Odense kommune, 2014），大学と共同でインクルーシブ教育に関する調査・評価を行う（Dyssegaard & Larsen, 2013；Undervisningsministeriet and Finansministeriet, 2010）。また国は国立支援ネットワーク（VISO）を設置，運営している。

自治体の取り組み

　2007年以降は県の枠組みがなくなったため，県立であった知的障害特別学校

表8-1　デンマークにおけるインクルーシブ教育

学校制度	・0歳から3歳まで保育が保障され，保育所や保育ママによる保育を受ける。 ・3歳から6歳までは幼児教育が保障される。 ・（第0学年と呼称される）6歳は就学前学級の対象（2009年8月から就学前学級は義務制）。 ・義務教育は6歳と，7歳から16歳までの10年間。 ・9年生の後に，任意で第10学年が選択できる。 ・義務教育学校としては国民学校，知的障害・重複障害のある子どもを対象とする特別学校，社会・情緒障害学校，寄宿舎や寮付設の施設内での教育，ホームスクリーニングがある。 ・国立の特別学校は，たとえばレフスネス視覚障害学校で，教育機能と特別教育センターの機能を担う。 ・その他の特別学校は自治体立で，居住地以外の自治体立特別学校の就学費・交通費は子どもが住んでいる自治体が支払う。 ・ホームスクーリングの選択肢もある（宗教上の理由や家庭の教育方針等の理由で，保護者の責任下で学校に就学せずに勉強することが法的に認められている）。 ・後期中等教育は大きく二つに区分され，後期中等普通教育と後期中等職業教育・訓練（商業高校，工業高校）がある。 ・障害や特別なニーズのある25歳までの者を対象とするSTU（自治体が提供する後期中等教育），FGU（自立を目指す準備訓練コース）がある。
インクルーシブ教育関連の法令	・国民学校法 ・高等学校教育法 ・社会サービス法 ・障害者差別禁止法
特別教育の種別	・国立特別学校，自治体立特別学校 ・自治体立または私立国民学校の特別学級，センター学級 ・通常学級における特別教育（週あたり9時間未満／週あたり9時間以上） ※多様な選択肢の保障として，家族支援学級，観察学級，社会・情緒障害学級，キャリア支援のための学級（高学年が対象となることが多く，作業学習やインターンシップなど実技を中心に行う），読字学級や読字指導センター，ギフテッドプログラム，LPモデルやPALSシステムを各自治体の裁量で設置・活用する。
特別教育の措置決定	・法的には国民学校の学校長が決定権を有する。 ・特別教育の措置に関しては自治体立教育心理研究所と連携し，研究所の心理士，言語療法士，カウンセラー，読字教員，特別教育相談員に評価や指導計画作成支援を依頼し，関係者の協議にもとづいて決定される。 ※決定に不服な場合，保護者は自治体の教育行政当局に不服申立てを行うことができる。
インクルーシブ教育の割合（分離型教育の割合）	・2010年には13％の子どもが分離的教育の対象とされた。 ・2013年の地方自治体合意では，2015年までには分離的教育を受ける子どもの割合を4％までに減少させる目標を立ててインクルーシブ実践を推進した（この時点での分離教育の対象は26,700人）。 各学校の子ども数を以下に示す。 2019年，国民学校は532,060人，私立（義務教育）学校は122,425人，特別学校は9,998人，社会・情緒障害学校は3,237人，寄宿舎や寮がある施設内教育30,373人，

	自治体立施設内教育3,698人，その他の学校・ホームスクリーニングは1,239人である（Statistic Denmark UDDAKT20）。
学校教職員（職種）	校長，担任教員，教科教員，特別教員，「保育士や生活支援員」に相当するペダゴー（Pædagog），学童保育職員，キャリアカウンセラー，学校看護師（配置していない自治体もある），学校福祉士（代替として自治体のケースワーカーが学校の会議に参加する自治体もある），ファミリーワーカー（自治体職員で，家庭に対し指導や助言を行い，必要な場合は福祉サービスにつなげる），行動・情緒面の支援を行う専門教員，行動・情緒面の支援を行う AKT 教員，読字教員などの職種がある。 ※学校心理士は配置されていないが，教育心理研究所の心理士が週に数回国民学校に駐在している自治体が多い。
義務教育学校ととくに関係のある他機関	・教育省，国立支援ネットワーク（VISO） ・自治体立教育心理研究所 ・自治体の教育行政局，子ども担当局，家族カウンセリング当局

や肢体不自由特別学校を自治体に移管し，全国の自治体に設置されている自治体立特別学校の資源を特別学校のない自治体が必要に応じて活用している。別の自治体の特別学校に子どもを就学させた場合には，居住自治体が教育費と交通費を支払わなくてはならない。そのため，特別教育にかかる教育費はふくらみ，結果として，従来県立特別学校の資源を活用していた視覚障害や聴覚障害，重複障害，社会・情緒障害，知的障害の支援も可能な限り自治体内で行う傾向にある。各自治体は，①身体障害児を受け入れられるように学校を改修する，②ペダゴー（保育士や生活支援員に相当）を加配し学級内で特別な配慮を行う，③国民学校内にセンター学級，特別学級や特別な教育的グループを設ける，④自治体内に特別教育センター的機能を有するセンター校を設置する，⑤自治体内に特別学校を新設する，⑥教育心理研究所と密に連携し医療・福祉の専門職がかかわるような体制を整える，など試行を繰り返している。加えて，重複障害児が就学する特別学校では，自治体内のすべての子どもに対応できるように自閉症や聴覚障害など多様な障害種への対応，特別学校から特別教育センターへの機能移行や国立機関の活用によって専門性の維持と向上が図られている。自治体では，教育担当局，子ども当局，家族カウンセリング当局，教育心理研究所が学校教育に責任を負う。

国立特別学校のセンター的機能

　レフスネス視覚障害学校（Syncenter Refsnæs）では，国内の盲や重度視覚障害の児・者を対象とし，一括して，教材開発や情報提供等の総合的支援を行う。国内外の関係機関との連携を強化しており，デンマークにおける視覚障害教育の総合コーディネーター・リソースセンター的機能を担っている。視覚障害研究所（Instituttet for Blinde og Svagsynede：IBOS）は，教育活動も行うが，リソースセンターとしての役割が大きい。成人を対象とした生活支援相談をはじめとする支援を，センターの作業療法士や理学療法士，言語聴覚士などの専門職員が行う。

　加えて，社会・情緒障害学校はここ数年でますますニーズが高まり，かなり多くの自治体で社会・情緒障害学級や社会・情緒障害学校を有している。行動問題（Adfærdsproblemer）や社会・情緒的困難（Sociale og motionelle vanskeligheder）の背景には，虐待や不適切な養育環境があり，生活の改善に加え福祉的支援や心理的支援をあわせて行わなければならないと考えられている。同校に通う行動上の困難がある子どもに対しては薬物治療が行われるケースも多く，小児精神科のある病院と連携をしている。親元を離れ，児童養護施設（Døgninstitutioner）において暮らす場合や里親（Plejefamilier）[1]と暮らす場合も同様に福祉的支援が必要になる。

自治体立教育心理研究所（PPR）

　特別教育の実施に関しては職員，教育行政局職員，福祉行政局職員等がPPR（Pædagogisk-Psykologiske Rådgivning）と呼称される自治体立の教育心理研究所と連携する。学校は，教育心理研究所の心理士，言語療法士，カウンセラー，読字教員，特別教育コンサルタントに，子どもの評価や指導計画作成支援を依頼する。就学に際しては，教育心理研究所と教育行政局の判断を経て，最終的には子どもが就学する予定の義務教育学校の学校長が決定する。保護者との連携を維持し，保護者に対して子どもの個別の支援方法を開発して伝えることが重要とされている。就学については，子ども本人も保護者も納得できる判定となるよう，関係者間の情報共有や会議はかなり重要視されている。

　デンマークの学校ではアシスタント教員のような役割を果たす職種に保育士や生活支援員に相当するペダゴーがあり，とくに低学年を中心に配属されている。その他の専門職種として行動・情緒面の支援を行う AKT 教員（Adfærd, Kontakt og Trivsel：AKT lærer/pædagog）や読字教員（Talelærer/Tale-hørepædagog）等の養成を積極的に行い，自治体の裁量で通常学校に配置している。AKT 教員の配置は，学校教育領域での子どものメンタルケアの一環として，2005年から導入された制度で，AKT の Adfærd は「行動」を，Kontakt は「接触や交際」を，Trivsel は「ウェルビーイング」を意味する（大平，2012）。

多様な選択肢の保障

　多様な選択肢の保障としては，教員，就学前学級教員のみならず，移民準備学級教員，キャリアカウンセラー，学校福祉士，ファミリーワーカー（Familiebehandler），家族支援コンサルタント，事務職員，学童保育職員がかかわり，社会的な困難を有する子どもと保護者が一定期間ともに通学する家族支援学級（Familieklasse），行動面で課題がある子どもの観察学級，社会・情緒障害特別学級や社会・情緒障害特別学校，義務教育後移行支援のためのキャリア支援を目的とする学級（Produktion）や職業学級（Erhverv），怠学傾向の子どもの成長を支援する学級（Vækst），ディスレクシア等を対象とした読字学級や読字指導センター（Læsecenter）の設置，ギフテッドプログラム，ノルウェーの LP モデル（第 9 章参照）や前向きな行動を明示・奨励し，学習環境整備の支援および子どもと大人の相互作用を重視する PALS モデル導入等がある。

　以上の他に，第 8 〜第10学年として14歳から18歳くらいまで 1 〜 3 年間修学することができる社会教育機関エフテルスコーレ（Efterskole）もある。家族から離れ寄宿舎で他の若者と生活をともにしながら，スポーツや芸術に打ち込んだり，今後のキャリアを考えたりすることができるため，近年では人気のある学校となっており，20〜30％の若者が進路として選択する年度もある。この学校もまた，デンマークにおける教育選択肢の多様性と言える。

2　インクルーシブ教育の現代的課題

（1）デンマークが抱える現代的課題

　全国の自治体において取り組まれてきたインクルーシブ教育ではあるものの，デンマークにおいて現在では次のような課題が浮き彫りとなっている。

　第一には，インクルーシブ教育を推進するための各種リソースと知識がいまだ欠乏しているということである。教育心理研究所がバックアップする形で学校が問題解決できるような体制づくりを目指してはいるものの，すべての教員が必ずしも様々なニーズについて理解しているとは言えないのが現実である。特別な教育ニーズに対応していくには，手間と時間がかかり，支援のためのリソースが整っていることが望ましいものの，各自治体および各学校で多少なりとも問題を抱えている現状にある。教育に関係している者なら誰しもが容易に想像できることであるが，一人ひとりのニーズに対応していくということは簡単な仕事ではなく，手っ取り早く手立てを講じることも難しい。インクルーシブ教育を推進している国においては，通常学校でできるだけ教育を行うという一貫した教育目標はあるものの，その実践は単純ではなく複雑である。

　第二の課題として，少なくともデンマークにおいては，インクルーシブ学習共同体とも言える多様な子どもたちが学ぶ場よりも子ども一人ひとりの個別性が強調されがちな点を挙げることができる。個人の尊重は古くからデンマークで大切にされてきたことではあるが，共同体よりも個人に焦点が当てられることによって「異なる」と見なされる個人は，「通常の」や「普通の」と言われる学級において，軽蔑や排除の犠牲者となる傾向がある。そして，そのことは，「異なる」個人が有用ではないと見なされる危険性をはらむということにつながるだろう。

　子どもたちにとって，学校で同級生から受け入れられるということは非常に重要である。そして，子どもたちの世界は子どもたち同士の秘密の世界でもあり，しばしば大人が理解しづらい状況が生み出される。加えて，個々のニーズ

図8-1　代表的ないじめ研究　　　　図8-2　いじめのイメージ
（出所）Scott & Søndergaard
（2014）

に焦点を当てるのではなく集団に焦点が当てられていたり，再度統合されたときに，再び排除されてしまったりということも起こり得る。

　そこで続いて，インクルーシブ学習共同体という集団の文化を切り口に，集団分化のインクルージョン（包括）・エクスクルージョン（排除）の過程と集団文化の評価方法について考えていきたい。

（2）いじめと集団文化

　筆者（ヨーイェンセン）らはこれまで7年間をかけて10名の研究者とともに学校でのいじめを調査し，*School bullying: New theories in context*（Scott & Søndergaard, 2014）に調査結果をまとめている（図8-1，図8-2）。この調査では，社会心理学的アプローチの手法を用いて，いじめと介入について子どもとの集団的会話の理論的分析を行った。

　いじめについて話す前提として，集団の基本的な仕組みを考えてみたい。我々は誰しも包括や排除の社会的過程に携わっており，社会的排除の不安は「帰属」に対する憧れによって導かれている。そして，通常の社会的過程が

「ひっくり返る」ときにいじめは起こり，過激になる。いじめは，帰属意識に打撃を与えるものとして表れる。いじめによって，対象となる特定の誰かへの軽蔑的な感情が生み出されるため，いじめを止めるためには，いじめの加害者にそのような軽蔑的な感情をなくさせて，いじめの被害者に集団やコミュニティの中で安心をあたえることが必要である。

　子どもの行動の理解を促すために，先行の研究からいくつかの引用をしたい。

・「行動の倫理的規範」として社会的秩序や倫理的秩序がある（Adorno, 2000）。

・「子どもは，ふさわしい自己を具現化するためにとても一生懸命に取り組み，そしてつまずく。このような行為が不適切であると周囲に思われているのはとても痛ましい」（Davies, 2006）。

・「より広い社会では，卑劣さが生み出され，卑劣さと関係のある帰属意識は，いじめに関係している。いじめの標的にされる人は，その他の集団とは異質な点を有する人である」（Winsladea et al., 2013）。

・子どもたちは「個々に参加し，日常の社会的秩序や倫理的秩序を生み出す行為に積極的に携わっている行為者である」（Evaldsson & Svahn, 2012）。

　以上のような先行研究による理論的背景からも理解できるように，他の子どもたちとは違うというだけでいじめられる子どもがいる。社会の見方といじめの間には関係性がある。学校や学級での行動の倫理的規範は，子どもたちが交渉して合意に至った規範である。たとえば，「××といった行為は大人っぽい」「○○は変な行動である」などといったもので，子どもたちによる独自のルールはつねに子ども同士で交渉され作り上げられている。そのため，学校に所属する子どもは，自分が学校社会のどのような雰囲気に帰属しているのか，どのようなことを避けるべきかなど，つねに意識し，気にしているし，どのようにすれば学校社会の独自のルールにフィットするのかを非常に気にかけている。

　たとえば，デンマークでは通常，学校には私服で通うのだが，子どもたちはどのような服装がその学校や学年の雰囲気にフィットするのか，「このズボンはイケてる」「このスカートはおしゃかわ」のように，その学校社会にいきて

いるルールに合わせた服装を選択することに非常に敏感である。時間とともにどんどんルールが変わっていくため，たとえば，「今は，靴ならコンバースだけど他のシューズはイケてない」など，子ども間の交渉でその学校や学年独自のルールが決まるのである。

　また，同性婚を認める法律が制定される等，社会的にはLGBTが認められてきているものの，子ども社会には男らしいや女の子っぽいといった伝統的な考え方がいまだに残っていることも多い。そのため，学校という社会において，男としてどう振る舞うのが適切か，女としてどう振る舞うのが適切かを考えながら行動することが求められることも少なくない。そのため，男子生徒が皆の前で泣いたり，優しすぎたりすることが，その学校社会で好まれない場合，軽蔑がからかいとして表れることが多い。

　いじめ傾向のある学級とは，すなわち，いじめを正当化するような語りや噂が学級内に存在する学級である。学級のあちこちで「あの子はいつも違っているよね」「あの子，変じゃない？」「あの子浮いているよね」などのような噂話が蔓延しており，そのような学級では，「○○は，自分たちの集団に入る努力をしていない」という説明があちこちで囁かれているのである。

　いじめ傾向のある学級では，特別な配慮や特別教育が必要な子どもに対して，このような語りや噂が作られやすい状況にある。また，ここにいることが安全でないと感じている子どもが多い学級では，排除への不安や危険，恐れが学級内にあり，そのような感情に学級全体が影響を受けており，安心した状態で勉強することができなくなっている。さらに，このような子どもが交渉しながら作り出す独自のルールに，ときには大人が世間で生み出す流行が影響を及ぼしていることもけっして忘れてはいけない。

　表8-2には集団文化を評価するための雛形を示している。

　もし学習環境が安全でなく，インクルーシブな状況にもなく，寛容さや尊敬の感情も見られなければ，困難を抱えた子どもがさらなる排除や軽蔑に直面するという危険に陥るであろう。学校と学校の教職員は，インクルージョンを確保し，それを継続させるために，個々の子どものみならず学校環境に重点を置

表8-2　集団文化を評価するための雛形

社会的秩序・倫理的秩序	・グループ分けとヒエラルキー ・適切／不適切な行動の規範
軽蔑や極端な排除	・威厳の代わりの軽蔑が生み出される ・特定の個人に向けられた排除
極端な排除を正当化するような噂話	・排除を正当化する語りや噂 ・独自ルールへの集団的な共通理解
社会的排除の不安	・排除への不安，危険，恐れ

かなくてはならない。特別なニーズのある子どもが学習共同体の一員であるかどうかについての判断の基準は，その子どもが集団の一員として価値があると認識されているかどうかである。先述の雛形を通して見られた集団文化についての評価や意見は，たとえば支配的な「社会的秩序・倫理的秩序」とは何か，これらの秩序に関係してインクルージョンあるいは排除とは何か，などである。

　読者は，教育を志す者や学校の教職員として，どのようにその仕組みを起動できるかについて，あらためて検討しているだろうか。また，学級に教職員が複数配属されている場合は，適切に責任や役割を分担しているだろうか。我々教育にかかわる者は学校が子どもたちにとって安全で安心して勉強できる環境になるよう今後も考え続けていかなければならない。

〈注〉
⑴　デンマークの里親等委託率は42.4％と，日本の6.0％に比べて高い（厚生労働省「社会的養護の現状について」）。

〈文　献〉
厚生労働省　社会的養護の現状について　http://www.mhlw.go.jp/stf/shingi/2r9852
　　0000018h6g-att/2r98520000018hl7.pdf（2017年12月1日参照）
大平泰子　2012　デンマークにおける小学校のメンタルヘルスケア—ウアンホイ小学
　　校視察報告—　富山国際大学子ども育成学部紀要，**3**，153-157.
Adorno, T. W.　2000　*Problems of moral philosophy.* Schröder, T.（Ed.）, Living-
　　stone, R.（Trans.）. Stanford University Press.

Davies, C. M. R.　2006　Teacher expectations and student self-perceptions: Exploring relationships. *Psychology in the Schools,* **43**(5).

Dyssegaard, C. B., & Larsen, M. S.　2013　*Danish clearinghouse for educational research.* Department of Education, Aarhus University, Copenhagen.

Evaldsson, A. C., & Svahn, J.　2012　School bullying and the micro-politics of girls' gossip disputes. In Danby, S., & Theobald, M.（Eds.）, *Disputes in everyday life: Social and moral orders of children and young people*（Sociological Studies of Children and Youth, Volume 15）. Emerald Group Publishing Limited. pp. 297-323.

Henningsen, I., Kofoed, J., & Helle, R. H.　2014　Classroom culture and bullying. In Schott, R. M., & Søndergaard D. M.（Eds.）, *School bullying: New theories in context.* Cambridge: Cambridge University Press.

Indenrigs-og Sundhedsministeriet　2005　*Kommunalreformen-kort fortalta.*

Odense kommune　2014　*Strategi for inklusion.*

Lov om Folkeskolen 2017: 1510

Lov om social service 2005: 573

Lov om de gymnasiale uddannelser 2016: 1716

Lov om forbud mod forskelsbehandling på grund af handicap 2018: 688

Scott, R. M., & Søndergaard, D. M.　2014　*School bullying: New theories in context.* Cambridge: Cambridge University Press.

Statistics Denmark UDDAKT20

Tetler, S., Quvandg, C., Skibsted, E., & Larsen, V.　2013　*Oversigt over forsknings- og udviklingsba- seret viden inden for omradet inklusion og specialpædagogik.*

Undervisningsministeriet and Finansministeriet　2010　*Specialundervisning i folke- kolen – Veji til en bedreorganisering og styring.* Rosendahls-Schulz Distribution.

Undervisnings ministeriet　2010　*Specialundervisning i folkeskolen-veje til en bedre organisering og styring.*

Winsladea, J., Michael Williams, M., Barbaa, F., Knoxa, E., Uppala, H., Williamsa, J., & Hedtke, L.　2015　The effectiveness of "Undercover anti-bullying teams" as reported by participants. *Interpersona,* **9**(1), 72-99.

第9章　子どもの指導のための教員と他の専門職との協働
——ノルウェーの課題と実践

アン－キャスリン・ファルデット／是永かな子／石田祥代

本章のねらい

　本章の目的は二つある。一つは子どもの指導のために，教員とその他の専門職はどのように協働したらよいのか，子どもの抱える問題や課題にチームでアプローチすることの重要性を踏まえて，あらためて提言することである。もう一つの目的はインクルーシブ教育を展開するにあたり，子どもが抱えるニーズや困難に配慮し，改善する試みが教員に求められている。その一方で，同時にその他の子どもの教育権利を奪うかもしれないというリスクをもちあわせている。適正かつ公正な教育を行うためには教員の力量が必要となり，非常に難しい課題となっていることについて示したい。

　インクルージョンのための教員養成は，ヨーロッパの国々においても主要課題であるため，特別ニーズ教育とインクルーシブ教育のための欧州機関（European Agency for Special Needs and Inclusive education）は，2009年から2012年にかけて教員養成に関するプロジェクトを実施した。このプロジェクトにはオーストリア，ベルギー，キプロス，チェコ，デンマーク，エストニア，フィンランド，フランス，ドイツ，ギリシャ，ハンガリー，アイスランド，アイルランド，ラトビア，リトアニア，ルクセンブルク，マルタ，オランダ，ノルウェー，ポーランド，ポルトガル，スロベニア，スペイン，スウェーデン，スイス，イギリス（イングランド，北アイルランド，スコットランド，ウェールズ）が参加した。本章ではこの内容についても記す。

図 9 - 1　国立特別教育サービスの地域区分
（出所）Statped HP

1　ノルウェーにおけるインクルーシブな学校づくり

（1）インクルーシブ教育の取り組み

　ノルウェーでは，1975年に統合法（Integraringsloven opphevelse av spesial-skoleloven）が制定されたことによって，義務教育学校を主体としたインテグレーションが提唱され，1992年には国立特別学校が廃校となったり，全国規模の学齢児支援システムとしてのコンピテンスセンター（Kompetansesentre）として機能したりすることになった。その後2012年に，コンピテンスセンターは，図 9 - 1 に示すように再編され，全国を四区分し，各地域での支援体制を構築している。コンピテンスセンターは，視覚／聴覚重複障害，脳損傷，聴覚障害，複合的学習障害，言語障害，視覚障害の六障害に加えサーミ族のための特別教育（Samisk spesialpedagogisk støtte：SEAD）も合わせて行い，国立特別教育サービス（スタットペド）（Statlig specialpedagogisk tjeneste：以下，Statped）としてリソースネットワークを構築している。さらに，スウェーデンと同様に，特別ニーズ教育として，少数民族であるサーミ族にはサーミの言語を含めた独自のカリキュラムが保障されている。

　南北に細長い国土を持つノルウェーの特別教育の特徴は，第一に特別学校を原則廃止していること，第二にコンピテンスセンターや自治体立教育心理研究所（Pedagogisk-psykologisk tjene：PPT）が小・中学校に相当する基礎学校（Grundskola）を支援する体制にあること，第三に「適応教育（Tilpasset opplæring）」を標榜して基礎学校を主体としたインクルージョンが提唱され，基礎学校の特別学級が多様な子どもの受け皿となっている点である。

　ノルウェーでは，宗教的，民族的，あるいはその他の多様な社会的背景をもつ子どもを含むすべての子どもは，教育を受ける資格があり，学校は様々な能力と背景をもつ学習者である子どものために，指導場面や教え方を適応させる必要があると捉えられている。基礎学校に特別な教育的支援の対象となる子どもが在籍している場合は，学級の分割，複数教員によるチームティーチング，グループ指導，特別学級等を活用する。このようなリソースを用いて行われる特別教育については，フルタイム特別教育と年間12週間以内のパートタイム特別教育がある。

　近年の変化として，当事者と教育現場におけるニーズを組み上げる形でStatpedとの連携の下，聴覚障害，視覚障害／聴覚障害の重複障害を対象とした特別学校が2校（Skådalen skole for døvblindfødteとA.C. Møller skole for hørselshemmede）あらためて設置されたことである。これら2校は，フルタイムとパートタイム両方の教育プログラムを保障する。

　支援システムの中心に位置づいている教育心理研究所が子どもの教育的評価や修学支援を行うことで，様々な障害のある子どもたちが基礎学校の学級で学ぶ体制を整え，それが難しい場合は特別学級が活用される。第8章で紹介したLPモデル（Læringsmiljø og Pædagogisk Analyse：LP-modellen）が，インクルーシブ教育を実践に移す一つの方法として開発されている（是永，2012）。LPモデルは，基礎学級でのインクルーシブ教育を推進するために，教育省管轄下の生活・福祉・高齢研究所（Norsk institutt for forskning om oppvekst, velferd og aldring：NOVA）で2002年に着手された。スーパーバイザーによる教員研修を含んだモデルで，その目的は，すべての子どもを対象とした学習環境の開発であ

表9-1　ノルウェーにおけるインクルーシブ教育

学校制度	・0歳から5歳は，就学前教育が保障される。 ・義務教育は6歳から16歳までの10年間。 ・第1〜第7学年は小学校（Barneskole）で初等教育，第8〜第10学年は中学校（ungdomsskolen）で前期中等教育を受ける。 ・義務教育学校として基礎学校と，聴覚障害，視覚障害／聴覚障害の重複障害のある子どもを対象とする特別学校（2校）がある。 ・後期中等教育学校（Videregående skole）でも原則特別な学校は設置されていないため，障害のある子どもは特別学級で教育を保障する。
教育関連の法令	・1975年インテグレーション法 ・1997年教育改革および基礎学校の学習指導要領改訂 ・2009年社会サービス法 ・2017年障害者差別禁止法
特別支援教育の種別	・基礎学校で「適応教育」を推進。 ・必要に応じて基礎学校内の特別学級や，抽出で特別な教育的対応を行う形態がある。
特別教育の措置決定	・教育心理研究所の支援を受け，措置の最終的な決定は自治体と校長が行う。 ・基礎学校ナショナルカリキュラムに適応できない子どもは教育心理研究所の支援のもと個別計画で教育内容を具体化する。
インクルーシブ教育の割合（分離型教育の割合）	・基礎学校で特別な支援を受ける子どもの割合は7.7％（2019年）。 ・基礎学校内の特別学級等の分離的教育形態で教育を受ける子どもの割合は0.51％（2010年）。 ※ただし，学年が上がるにつれて特別教育を受ける子どもは増加している。 ※特別教育を受ける子どもは全子ども数のうち男子は約11％，女子は約5.5％。
学校教職員（職種）	・校長，担任教員，教科教員，就学前教育教員（幼児教育の資格をもつ幼稚園教諭・保育士のような資格），アシスタント教員，特別教員，学校看護師，学童保育職員 ※学校心理士はいないが教育心理研究所の心理士が巡回。 ※教育心理研究所の作業療法士が巡回。
義務教育学校ととくに関係のある他機関	・教育研究省，子ども家庭省，コンピテンスセンター ・自治体立教育心理研究所，子ども福祉サービス（Barnevernet），自治体の教育行政当局児童思春期精神科外来クリニック（Barne- og ungdomspsykiatrisk poliklinikk：BUP）

り，社会や子どもの前提条件に関係なく，学習しやすい環境を構築することである。LPモデルの研究には，デンマークやスウェーデンおよびイタリアの研究者が協力しているが，主にノルウェー（普及率8％）とデンマーク（普及率30％）で導入・活用されている。

　以上のような支援体制によって，基礎学校で特別な支援を受ける子どもの割

合は 8 ％前後で近年推移している。

（2）義務教育学校ととくに関係する機関・専門職

　国の教育担当行政当局は教育研究省（Kunnskapsdepartementet）と子ども家庭省（Barne- og familiedepartementet）である。また国は，国立コンピテンスセンターを設置しており，各自治体で対応できない視覚障害や聴覚障害，重複障害など専門的な教育が必要な子どもの学習環境整備を支援する。通常の教育課程と教育内容に適応できない子どもは自治体立教育心理研究所の支援のもと個別計画が作成され，教育内容が具体的に計画される。個別の支援が必要な子どもには個別教育計画（IOP）の作成を行っており，その対象児は 5 ～ 7 ％とされる。基礎学校におけるインクルーシブ教育を推進するため，学校に特別教育に関する専門的な養成を受けた特別教員を配置したり，必要に応じて教育心理研究所と連携し専門職員の巡回により助言指導を受けたりする。教育心理研究所で対応できない教育的支援に関しては国立コンピテンスセンターに連絡を取る。

　また，1997には子ども家庭省の主導によって行動センター（Atferdssenterets）が設立され，適切な行動の獲得を学校全体で指導する PALS（Positiv atferd støttende læringsmiljø og samhandling）システムを開発し，その導入によって問題行動の減少にも取り組んでいる。

2　多職種と連携した子どもの指導

（1）インクルーシブ教育と学校における多職種連携の重要性

　これまで筆者（ファルデット）は女子生徒の学校中退，とくに外在化問題行動を示す女子生徒に関する研究を推進してきた。研究においては，外在化した行動をする女子を「反社会的」な女子とは呼称しない。すなわち，「反社会的」と呼称すること自体が生徒に烙印を押す，すなわち「ラベリング」になるからである。我々研究チームが焦点を当てたのはあくまで行動であり，その行動に

注目はするがラベリングはしないという姿勢で取り組んできた。研究は大きな集団を対象としたものではなく，個人を対象に，自身を取り巻く状況から大きな危険因子をもつ女子生徒を対象とした。そして，研究を通して学校はこのような女子生徒にとってサポートとしての役割を果たしてはいないという残念な結果を得た。

　多くの場合，危険因子のある生徒は，個人としての人格や病態で非難されることが多い。つまり，精神的に病んでいたり，障害があったりする等の場合，診断名をもって生徒たちについて語ることが非常に多い。しかし，学校では，診断名を通して生徒たちについて語ることでよい側面が得られることはほとんどない。このような子どもたちが抱える問題は，複雑で深刻で大きく，一人でとても抱えきれる問題ではない。つまり，チームとしての機動力や対応力が必要とされる。これまでの我々の研究によっても，子どもたちの問題行動は一つの機関のみで取り組めるものではないという結果が示されている。

（2）教員の資質──問題を抱える女子生徒の事例を通して

インクルーシブ教育のための教員養成

　EU（欧州連合）では，インクルージョンのための教員養成というプロジェクトがあり，基礎教育にかかわるすべての教員がどのような準備をすべきかを検討し，これまで事例を中心とした実証研究を進めてきた。プロジェクトの主要課題は「21世紀の学校で包括的な社会を実現するためにはどのような教員が必要であるのか」，「インクルーシブ教育のために不可欠な教員の能力は何か」であった。すなわち，通常教育と言われる主流の教育現場において，教員がインクルーシブ教育と関連して働く準備ができているのかということであり，本プロジェクトでは初期段階の現職教員養成を優先事項としてきた。

　ノルウェーにおいては，TE4I（Teacher Education for Inclusion）と呼称される教員の養成制度において，四つの基礎的な価値に重きを置いている。すなわち，

　①多様性を評価する

　②すべての子どもを支援する

③他と協力する

④継続的に専門性を高める

である。

他と協力すること

　ノルウェーの教員養成 TE4I で提言される基礎的価値の③，すなわち「他と協力する」について，さらに話を進めていきたい。学校において，深刻な問題を抱えている子どもがおり，これらの子どもに学校としてかかわる場合に，多職種が協力して取り組む必要がある。協働やチームワークはすべての教員にとって不可欠な取り組みである。このような取り組みは，親および家庭との協力のみならず，教育やその他の多くの専門家とともに実施されるべきである。

　深刻な問題行動における問題の複雑さには，複数のレベルからなる活動やそれらの活動を通じた協働が必要とされるが（Sørlie, 2000），協働はそれ自体で終わりではなく，子どものニーズや意見から派生した働きかけでなければならない。同時に学校や機関の協働は「協働する」こと自体が目的でなく，子どものニーズにもとづくものである。そして，課題や責任について，関係者間で明確に定義され，共通理解されていなければならない。ノルウェーの学校で，多職種と協力するときに重要な役割を示すのが学校看護師である。また，暴力をふるう子どもにとって児童福祉専門職は重要な役割を果たしている。

事例　カロライン（仮称，15歳）

> 暴力行為を犯した女子の事例である。一人の少女でなく複数の事例を組み合わせてカロラインの事例として示すことにする。カロラインは女子の経験や視点を代表する事例として示されるものとする。

　カロラインは，15歳の女子である。学校との関係には，歪みが示されており，カロライン自身は学校の教員や同級生との対立を経験している。教員はカロラインに発達障害があるのではないかと疑いをもち，カロラインに ADHD の検査を受けさせた。カロラインは，教員や同級生に傍若無人な行動をすることが多々見られ，すぐに議論をふっかけ，威圧的でもあった。学校で暴力をふるっ

たということで警察に通報もされた（図
9-2）。カロラインの両親は6歳で離婚し，
現在は母親と兄との三人暮らしである。カ
ロラインの子ども時代を振り返れば，父親
のアルコール依存と家計が苦しいことによ
って両親はいつも対立していた。離婚後，
母親には複数のボーイフレンドがおり，そ
のうち何人かは同居したこともあった。こ

図9-2　カロラインのイメージ

れまで同居した母親のボーイフレンドのうち，カロラインが気に入っていた人
物は一人だけで，それ以外の男が同居していたときの家庭は彼女にとっては生
き地獄とも言えた。一方で，カロラインの夢は母親を幸せにすることである。

　カロラインは学校や，学校の教員のことは嫌いである。「教員は何も理解し
てくれない，糞」と思っている。教員が自分をなぜ嫌っているかについて，彼
女自身，自分は要求が強く，自分はクズだから，と考えている。小学校時代か
らしばしば授業を休み，また，いじめられもした。小学校時代にカロラインが
いじめられていたとき，訴えても教員は真剣に取り合ってくれなかった。その
ようなこともあり，学校の教員を嫌っていたし，教員は自分を助けたりサポー
トしてくれたりしないと思っていた。ただ一人の教員のみがカロラインと真剣
に向き合ってくれた。カロラインは，教員らしい人よりも，人を人として認め
てくれる教員を求めている。自分を単純に良し悪しで判断するのでなく，人と
して見てほしいと願っている（表9-2）。学校に居場所はない上，家庭は混乱
し安住の場ではない。カロラインは年上と付き合うことで自分のステイタスを
取り戻すようになった。

　この事例について，カロラインのような暴力をふるう女子は複数の危険因子
をもっているのが普通である。同時に，男子とは異なる脆弱性をもっている。
人生の課題に直面し，QOL（Quality of Life：生活の質）を高くするための三つ
の要素が脆弱であると言われている（図9-3）。

　バーテソン（Bateson, 1972）は親密な関係性における相互作用に焦点を当て，

表9-2　カロラインの教員に対する感情表現

私は学校が嫌い，教員が嫌い。教員は理解しない，糞っ。
教員は私を嫌っている。しかし私はそれがなぜなのかわかる。私がごみだからだ。
もし教員たちが家で私と同じような混乱を経験したとしたら，誰も何をやっても学校にはついていけなかったと思う。けれど，教員はそれを理解していない。
私が好きな教員だけは，教員というよりも人間らしい。
教員たちは私を判断するだけでなく，人間として見なければならない。

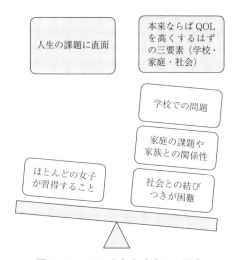

図9-3　QOL を危うくする三要素
（出所）Faldet（2013）をもとに石田が作成

人間や自然の相互作用や相互依存の研究を行い，

①すべてのコミュニケーションはメッセージと関係性を含んでいる。

②社会的関係はコミュニケーションの基礎となる。

③コミュニケーションをメッセージと関係性の二つの側面で捉えることは複雑なことを深く理解することを可能にする。

とし，関係性はコミュニケーションの基礎であり，どういう状況に直面していても関係性が必要であると言及した。

　女子は，言葉や他とは異なる行動のちょっとした違いに影響を受ける。そのため，暴力行為をする女子について考えるとき，女子の立場で原因を探り，彼女の立ち位置で問題に向き合い原因を同定する中で問題の解決方法を探ることが必要となってくる。子どもという他者に対し一方的に影響力を行使するものではなく，等価の人として見る態度が求められるのである。

教員や関連する専門家の資格とは

　先行の研究や我々の事例研究を通して，教員および関連する専門家の資格と

は何かについて提言を行いたい。

　・聴く，認める，女子生徒たちを真摯に受け止めることができる。

　・承認することができる。承認は教科間の結びつきを含む（Schibbye, 2009）。

　・解決策を見つけ，責任の所在を特定し，責任感を創造する過程に女子生徒
　　を参加させるために一緒に考えていくことは重要であると理解している。

　・人と人との関係性はいつももっとも重要である（Bateson, 1972）と理解し
　　ている。

　・問題を抱える女子生徒のことや女子生徒の必要とすることを理解しようと
　　努める。

　・女子生徒の行動を，背景の中で理解しようとする。

　・気遣いができる。

（3）インクルーシブな学校づくりと子どもの指導

　家庭の養育環境が不適切であったり，子どもが有する発達障害からの二次障害があったりして，学校や社会で問題と見なされる行動を起こす子どもたちが少なくない。はじめはちょっとした反抗や逸脱した行動から始まり，その行動が大きく問題視されたり，他者に勘違いされたり，「どうせあの子はやらない」といった見方をされたりする中で，次第に行動が非行や怠学につながることもある。

　何も障害のある子どもたちのための支援だけがインクルーシブ教育ではない。「障害があるから○○は許される」「障害がないから○○は怠けている」といったステレオタイプ的な理解の仕方や，「○○はどうせしないだろう」「○○は家庭環境が悪いから」といった判断をするのではなく，子どもたちは唯一無二のオリジナリティのある人間として見なされるべきであろう。同時に，教員もまた教員としてのみ子どもに接するのではなく，ときには人間味のあるヒトとしての振る舞いが大切であろう。

〈文　献〉

是永かな子　2012　通常学校におけるインクルーシブ教育のための教育方法―ノルウェーの LP モデルとデンマークのギフテッドプログラムを中心に―　高知大学教育学部研究報告，**72**，167-179.

Bateson, G.　1972　*Steps to an ecology of mind*. Chicago, Illinois: The University of Chicago Press.

Faldet, A.-C.　2013　*Jenter som utøver vold. En empirisk studie av jenters erfaring med gjengaktivitet, familie og skolegang*. Avhandling for graden Ph.D., Det utdanningsvitenskapelige fakultet, Universitetet i Oslo.

Integraringsloven opphevelse av spesialskoleloven　1975

Jahnsen, H., & Nordahl, T.　2010　*Innovasjonsheftet hvorden drive utviklings arbeidet med LP-modellen*. Lillegården Kompetansesenter.

Lov om sosiale tjenester i arbeids- og velferdsforvaltningen（sosialtjenesteloven）

Lov om likestilling og forbud mot diskriminering（likestillings- og diskrimineringsloven）

Ministry of Education and Research　2011　Meld. St. 18（2010-2011）*Learning together. Report to the Storting (white paper) Summary*.

Ministry of Education and Research　2015　*Å høre til‐ Virkemidler for et trygt psykososialt skolemiljø*. Norwegian Public report. NOU 2015: 2.

Schibbye, A.-L. L.　2009　*Relasjoner: Et dialektisk perspektiv på eksistensiell og psykodynamisk psykoterapi*（2. utg. utg.）. Oslo: Universitetsforlaget.

Sørlie, M.-A.　2000　*Alvorlige atferdsproblemer og lovende tiltak i skolen*. Oslo: Praxis Forlag.

Takala, M., & Hausstätter, R. S.　2012　Effects of history and culture on attitude toward special education: A comparison of Finland and Norway. *International Scholarly Research Network*, 1-7.

Statped　2014　*Professional services and areas of expertise*.

○ Web サイト

Ministry of Education and Research　2006　Knowledge promotion. NC-06.　http://www.regjeringen.no/en/dep/kd/Selected-topics/compulsory-education/Knowledge-Promotion.html?id=1411（2020年 5 月 5 日参照）

Ministry of Education and Research　2007　St.meld. nr.16（2006-2007）: … og ingen sto igjen. Tidlig innsats for livslang læring.（White paper, summary）　https://www.regjeringen.no/contentassets/a48dfbadb0bb492a8fb91de475b44c41/en-gb/pdfs/stm200620070016000en_pdfs.pdf（2020年 5 月 5 日参照）

Ministry of Education and Research　2014　in English　https://www.regjeringen.no/contentassets/b3b9e92cce6742c39581b661a019e504/education-act-norway-with-amendments-entered-2014-2.pdf（2020年 5 月 5 日参照）

Statped HP　http://www.statped.no/moduler/templates/Module_Article.aspx?id=18901&epslanguage=NO（2020年 5 月 5 日参照）

Statistisk sentralbyrå　https://www.ssb.no/en（2020年 7 月 4 日参照）

LP モデル・デンマーク　http://www.lp-modellen.dk/（2020年 5 月 5 日参照）

第Ⅲ部

学校現場でインクルージョンを
どのように実現するか

第10章 「子どもの課題」とその捉え方

眞 城 知 己

本章のねらい

　インクルージョンの考え方が「多様性を包含するプロセス」を概念要素の核に据え，学校制度の継続的改善を背景に登場したものであることは第Ⅰ部で述べてきた。第Ⅱ部では北欧４か国での事例を取り上げながら，現在の日本におけるインクルージョンの考え方に見られる視点の拡大や変化を促してきた。第Ⅲ部では具体的な課題に引きつけながらインクルージョンの考え方について理解を深めたい。その端緒として本章では，まず，いわゆる「子どもの課題」をどのように理解すればよいのかについてインクルージョンの考え方の下での捉え方の特徴を提示し，日本の特別支援教育においてインクルージョン概念を用いることで，もたらされる学校改善のための視点について理解を深めることにする。

---

1 「困っている子」に課題があるのか

（1）近年の傾向

　かつての日本の特殊教育制度のもとでは20世紀末の時点でさえ，障害のある児童生徒が特別な指導を受けるための根拠は特別の教育課程編成としての学校教育法施行規則におけるいわゆる通級による指導くらいしかなく，とくに小学校や中学校の通常学級における LD や ADHD，広汎性発達障害の児童生徒などが必要な対応を受けるための制度整備は決定的に欠けている状態であった。2007（平成19）年度より特別支援教育制度が施行されて，こうした通常学級に

在籍する児童生徒に対する「特別な支援」としての対応が質量ともに拡大したことは教育制度史上において重要な転機となった。それから10年が経過した今日までの幼稚園，小学校，中学校および高等学校，それに中等教育学校の通常学級における特別な支援に関する取り組みは，多くの教員の献身的な努力によってさらに前に進められようとしている。

　このことの意義はとても大きいが，同時に特別支援教育による通常学校における専門的支援の提供を巡る課題も数多く顕在化することとなった。

　21世紀初頭には，「何か問題のある子ども」という見方ではなく，学校において苦しんでいる，あるいは困っているのは当事者である子ども自身であって，その本人により寄り添う姿勢を明確にするための「困っている子」という表現や，文脈に応じて「子どもの困り感」といった表現が多用された。あるいは，それらを柔らかく婉曲的に表現した「気になる子」という言葉もよく使われた。現在でもこれらの表現は散見される。

　しかしながら，こうした子どもたちに特別な支援を提供する流れを見ると，「困っている子」という表現は情緒的用語に留まっていて，実際には子どもにかかわる何らかの「課題」を明確にして対応を図る，つまり「子ども自身に何らかの課題や問題が存在している」という見方が根強く残っていることがわかる。

　現在，特別な支援を要すると判断される子どもの特定は，学級担任による第一段階のスクリーニングに始まり，特別支援教育コーディネーター等が関与する第二段階のスクリーニング，さらに学校外の専門機関とのかかわりと医療機関による診断などをふまえた対象の確定というプロセスが多くの自治体でおおむね定型化されている。

　その過程でスクリーニングされる際の判断基準は，子どもの困り感ではなく，学習面での課題，行動面での課題，認知面での課題，対人関係での課題といったように，学習の遅れや他児とのトラブル，そして授業中の逸脱行動などの有無を障害特性と関係づけながら特別支援の必要性が判断されている。

　こうしたスクリーニングの際に，子ども自身の受け止めにも意識は向けられ

ているのであるが，顕在化している課題と子どもの受け止めの扱いは，決定的に前者に比重が置かれている。

表10-1 子どもの困り感と顕在化している課題

顕在化している課題

		あ り	な し
子どもの困り感	あ り	A	B
	な し	C	D

（2）支援の必要性の判断

表10-1のAのように，顕在化している課題と子どもの困り感の両者が確認される場合には，多くの関係者は何らかの特別な支援の必要があるということで一致するだろう。また，Dでは支援の必要性はただちにはなく，経過観察をしながら対応を用意していくと判断されるだろう。

Bは顕在化している課題はないものの子ども自身が困り感を表明している状態である。この場合には，子どもの様子を観察しながら「配慮」が続けられることが多い。学習面での遅れが顕著ではない場合，あるいは学習成績で達成状況が良好な場合にこうした判断がされる傾向がある。

そして，Cは顕在化している課題があるものの子ども自身はとくに自覚がない状態である。子どもの障害がとくに発達障害または知的障害の場合には，本人の困り感の有無によらず特別支援の開始に向けた手続きが進められ，保護者との連携の下で，診断と前後して特別支援の対象として確定されることが多い。

このようにして，たとえば，通常学級での学習活動に参加する子どもの中に，顕著な離席行動のある子どもがおり，そしてその子どもに発達障害の診断がある場合，その子どもの発達障害の特性に応じて，ソーシャル・スキル・トレーニングや行動分析学を応用した「支援」が用意されることは，もはや定型化されるほどに広く行われるようになった。

しかしながら，そうした子ども自身に対する直接的な支援に関して，その子どもにかかわる「課題」が顕在化する環境要因への対応は，相対的に脆弱である。こうした指摘に対しては，実践に携わっている教員からは，「いやいや，

子どもが離席する原因となるような教室内の刺激を減らしたり，次の行動目安が立てやすいように指示内容を構造化して提示するなど，学習環境の調整もたくさん行っている」といった声があがってくるであろう。たしかにそうした工夫は以前と比較すればはるかに丁寧に行われるようにはなっている。

　されど，インクルージョンの概念を本当に日本の学校教育制度に位置づけようとするのであれば，この程度ではすまないのである。なぜならば，インクルージョンは，概念の核となる要素からもわかるように学習環境の改善によって子どもの教育的ニーズの多様性を包含していくための考え方だからである。

　筆者（Sanagi, 2016, 2018）は，子どもの成績評価に際して，子ども自身の努力や学習状況と教員による専門指導の提供状況や必要な合理的配慮の提供状況とを相対化した結果，明らかに後者の考慮が不十分であることを示したが，いうまでもなく子どもの「課題」は，子ども自身によってのみ生じているわけではなく，子どもがどのような学習環境の下で学習活動に参加しているかの影響を直接的に受けている。特別支援教育制度になってから，通常学級における障害のある子どもに対する学習環境の改善がこの10年ほどできわめて顕著に進展したことは間違いないが，なお子ども自身の「課題」という見方への比重が高いことがわかる。

（3）学習環境との関係での見方

　子ども自身のもっている自己資源としての様々な側面に関する特徴を把握することの必要性は明らかではあるものの，インクルージョンの概念から見た場合の「子どもの課題」の捉え方については危惧すべき傾向が強いままである。

　たとえば，30人を超えるような大人数での一斉授業形式は，そこから排除される子どもを生じやすい要因として見なされ，より少人数での学習集団編制での参加機会がより多く求められる。与えられた机といすに着席して授業に参加するというルールがつねに求められることも，それがなければそもそも離席行動自体が課題にならなくなるので，固定的な学習スタイルの見直しが求められる。さらに，正解か不正解かを中心に進められる形式の授業は子どもに強い緊

張をしてしまうので，こうした授業の方法を見直すように求められることもある。

　このような指摘に接すれば，ほとんどの学校教育関係者は「そんなことは机上の理想論であって，実際の授業や学級経営上は到底現実的ではない。だから，現在の条件の下でできるところから少しずつやるしかない」という印象をもつはずである。毎日の学校生活の中で心の傷を深めている子どもたちを支えるために，日々，子どもにとってよりよい状況を用意できるように奮闘している教員であればあるほど，学校制度の不備や問題を指摘されても，それが解消されるまで待っていられないからこそ，理想論にしか聞こえないのである。

　インクルージョンの考え方は，このように学校教育制度に対して強い影響をもつものである。それゆえにインクルージョンの考え方はそれを強く進めようとすればするほど，多くの議論を必然的に引き起こす。この点において，日本での議論は決定的に不足している。机上の議論をしている時間があれば少しでも直接実践を前に進めるべきとの意識が働くことは十分理解できるが，インクルージョンの考え方の本質や方向性を十分に議論して深めることなく，目の前の子どもへの支援にしか意識を向けていないと大きな問題を生じることにつながってしまう。

（4）「子どもの課題」の捉え方の構造的問題

　一つひとつの実践自体はよく考えられ，適切な工夫が行われていても，そうした実践全体を包括して見たときに，全体としての方向性が子どもたちにとってむしろ不利益をもたらす方向につながっているとしたら，どうであろうか。

　つまり「合成の誤謬」と呼べる現象が起き始めているのである。

　本章の主題である「子どもの課題」の捉え方にかかわることで言えば，たとえば，子どもに必要な特別な支援を考えるために，子ども自身の障害特性の状態や学習・行動面における「課題」をより詳細に，また，より正確に把握しようとすること自体は，まさに子どもの利益を最大限にしたいがために行われていることである。しかし，その手続きとして用いられている方法や，その手続

きが通常学校でどのように取り扱われているか，あるいはそこで用意されている特別な支援の仕組みや内容について当該の子どもや周囲の子ども，そして他の学級担任や管理職がどのように見ているかなどによって，本来の意図とはまったく異なる事態が引き起こされてしまうという経過は，すでに世界の様々な国や地域で経験されてきたことなのである。

　現在の日本の通常学校における特別支援の展開を見ていると，それは1960年代後半から70年代にかけてイギリスにおいて急速に進展した「補償教育（Remedial Education：治療的教育とも呼ばれる）」の問題が再来しているのではないかとさえ思えてしまう。具体的には，1960年代半ば以降の中等教育改革によって進められた，学校統合を通じた総合制化を背景に，通常学級において特別な対応を必要とする生徒に対して，主に抽出指導の形態で対応が図られたものとして知られる。通常学級における学習活動において自尊感情を傷つけられ，他の子どもからの排除的行動にあうなどの不利益を被りやすかった知的障害を中心とした困難のある子どもに対して，障害への治療的対応を行いつつ不利益の補償を提供するというのが当初の意図であった。しかし，いつの間にか通常学級での学習についてこられない子どもを補償教室へ排除する流れに変質し，さらには対象となった子どもと専門的指導を提供する教員のペアが学校全体の活動からまるで独立した別個の存在であるかのように分離的（segregated）に位置づけられていってしまった，という問題が生じたのである。その過程で，補償教育の対象となった子どもが利益を得られるどころか学校への帰属意識を低め，自己効力感を一層低めてしまうばかりか，そうした子どもへの差別的な意識を周囲の子どもに生じさせるなど，多くの問題点が指摘されるようになっていったのであった。通常学校における，この補償教育を巡る問題は，のちのイギリスにおけるインクルーシブ教育の大きな背景動機となっていくのである（眞城，2017）。

　補償教育を巡る問題への関心は，通常学校の在り方に関する新しい理念や議論を活発にした。国連でインクルーシブ教育の推進に大きな役割を果たしたエインスコー（Ainscow, M.）教授らが，1980年代半ばにホール・スクール・アプ

ローチ（whole school approach）の概念を提案したのも，障害のある子どもへの専門的指導だけに注目して通常学校全体の方向性について十分に議論がなされなかったことへの強い問題意識が背景にある（Ainscow, 1994）。ホール・スクール・アプローチは概念の成熟化が難しく，多くの批判の下に見直しが迫られることとなったが，そこでの理念の柱が，現在もイギリスのインクルーシブ教育の方向性を考える際の羅針盤の一つとなっていることは知っておくべきである。

（5）将来像についての議論の不足

さて，現在の日本の特別支援教育にかかわる議論を翻ってみるとき，刊行されている書籍にせよ，雑誌の掲載論文にせよ，はたして学校教育の将来の姿にかかわる議論がどれほど取り扱われているだろうかと問われた際に，じつに心許ない状況であることに気づくはずである。子どもの評価や支援の段階を詳細に取り扱い，諸検査の結果をどのように具体的な指導に結びつけるかという内容や，通常学級における具体的な授業や教材の工夫などを取り扱ったものが大半を占めている。それだけ需要があるということのあらわれではあるが，それらの内容を総合したときに描かれる「学校の姿」は，いかなるものなのであろうか。

日本においても議論や推進のための活動に熱心に取り組んでいると自負する人もいるだろうが，そのほとんどはインクルージョンという用語を使いながら，内容はインテグレーションにかかわるものである。少なくとも障害のある子どもを含めて何らかの特別な対応が必要な子どもについて「通常学校に受け入れを」という表現をしている論は，インクルージョンの概念が正確に理解できていない。

というのも，第2章で触れたようにインクルージョンは，その原理において通常学校にある属性を有する子どもを「受け入れるため」の考え方ではないからである。インクルージョンの説明においてしばしば言及されるサラマンカ声明でさえ，子どもを「受け入れる」ようにとの視点には立脚していない。「包

含する」という概念と，「受け入れる」という現象を混同したり，同義語として置き換えてはいけない。

　サラマンカ声明では，あくまでも大多数が受けている教育から享受される利益を受けることができない子どもの教育機会を保障すべきであることを述べているのである。そして，注意しなければならないのは，その前提は，大多数が受けている教育機会を得られていない子どもが，より質の低い教育機会しか得られていないことが問題とされているということである。これは国連のそれまでの基礎教育機会の保障にかかわるあらゆる宣言において共通している点なのであるが，日本での議論はこの点を無視して，「通常学校・通常学級至上主義」とでも表現できるほどに，偏った論が張られることがある。教育機会の保障にかかわり国連が特別学校（特別支援学校）の存在を否定しないのは，そこで提供されている教育の質が通常学校よりも高い質を有している場合には，先ほどの前提と異なり，障害のある子どもに対する教育機会が，通常学校では提供できないような高度な専門性を有する高い質を保有していると判断される場合があるためである（真城，2010）。

（6）「通常学級がスタンダード」と固定的に見ないこと

　このように理解を進めるとき，日本における学校教育制度を少しずつ改善しながらそこにインクルージョンの考え方を位置づけようとする際に，通常学校・通常学級に特定の子どもたちを「受け入れる」という発想ではなく，学習環境が変化する過程で子どもの教育的ニーズの多様性が包含されていく過程（プロセス）を構築するという発想が必要であることが再確認できるのである。

　通常学級に「受け入れる」という発想が強ければ強いほど，通常学級の「現状」は固定されたままで，そこに適応することが求められる文脈も強くなってしまう。そして，通常学級がスタンダード（標準）であるという常識こそが，インクルージョンの妨げになっていることに気づくはずである（真城，2012）。

　あらためて言葉にするまでもなく，「子どもの困り感」に寄り添って適切な対応を用意しようとする際にも，障害特性の影響などの子ども自身に直接かか

わる要因について明らかにすることは不可欠の要素ではある。しかしながら，インクルージョンの概念の本質は，学習環境を子どもの教育的ニーズの多様性をより包含できるように変革させていくことであるので，子ども自身にかかわる要因だけに着目した対応では不十分であり，同時に学習環境の変容を伴わなければならないのである。すべての子どもが通常学級のみの学習に参加することを固定的な最終ゴールとすることは結果的に教育的ニーズを包含できない状況を生み出すリスクを高めるという点でインクルージョンではないし，また，課題があると見られることを理由にその対応を通常学級の外で行うことが定型化されることもインクルージョンではないのである。

2　スタンダード（標準）とエクスクルージョン（排除）の相反的関係

（1）スタンダードの範囲の問題

　インクルージョンの概念への理解を深めてくると，じつは教育におけるインクルージョンの問題を，とくにエクスクルージョン（排除）の視点から見た際に，それが子どもの参加している学習環境におけるスタンダード（標準）の問題と相反的な関係で成り立っていることがわかる。

　ごく簡単に言えば，スタンダードの範囲が広ければ，相対的にそこから排除される教育的ニーズは少なくなるし，反対にスタンダードの範囲が狭くなるほど，そこに包含されなくなる教育的ニーズは相対的に増えることとなる。

　これを模式的に示したのが図10-1である。

　本章では，正確な表現をするために包含される（あるいは排除される）要素について「教育的ニーズ」との表記を使用しているが（その理由は第3章を参照のこと），まだ教育におけるインクルージョンの概念についてイメージがおぼろげな場合には，「教育的ニーズ」の代わりに「子ども」と置き換えてイメージしてみてほしい。ただし，インクルージョンの概念が理論的に包含の対象とするのは，あくまでも子どもの「ニーズ（の多様性）」であることには十分に留意されたい。

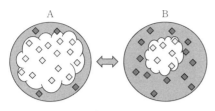

図10- 1　スタンダード（標準）の範囲が狭ければ外に置かれる要素は増える

さて，図10- 1 の中央にある雲のような形はスタンダード（標準）の範囲を表し，菱形は「ニーズ（や子ども）」の要素を表している。つまり，「ニーズ（や子ども）」に関する要素がスタンダードに包含されている要素とそこに包含されていない要素があることをイメージしたものである。

　AとBを見比べると，Aのようにスタンダードが広ければそこに包含される各要素は多くなるが，Bのようにスタンダードが狭ければその外に置かれる，つまり包含されない要素が多くなることになる。

　少し抽象的なモデルであるが，この図を手がかりにしながら具体的な問題を考えてみよう。

（2）インクルージョンの考え方における捉え方

　学習面や行動面での事柄にあてはめて考えてみると，たとえば，通常学級での授業が固定のスタンダード（標準）として位置づけられると，通常学級における一斉授業の学習に「ついてこられるかどうか」という基準で，通常学級以外の学習の場への参加の判断が合理化されるようになってしまう。同様に，通常学級での学習に参加する際の授業参加態度のルールが固定されるほどに，そこで逸脱行動と判断される行動は顕在化しやすくなる。つい先日も，ある中学校で朝礼の際に整列した隊列を乱す生徒は朝礼に参加させないという指示を学校長から出された特別支援学級の担任が途方に暮れていた。こうした強硬な条件が指示されることはやや極端ではあるが，このような柔軟さに欠ける環境であるほどに逸脱行動はむしろ生じやすくなる。環境条件の問題によって生じていると言ってもよいほどである。

　他方，通常学校において何でも受容せよという極端なことを言っているのではない。一定の学習環境のスタンダードを提示して，それに照らして個々の子

どもが自らと環境との調整を行う学習機会の重要性はたしかに存在するからである。

　ただし，多様性を包含することができる環境には，柔軟さが不可欠である。

　個々の事象について考える際にはそれらを一次元上に配置してスタンダードの範囲の広狭をイメージし，柔軟さに欠けていないかどうかを考えればよい。こうしたスタンダードの範囲は学習面や行動面など様々な場面で設定することができる。図10-1はその総体を平面上に表しており，内容によってスタンダードの範囲が比較的広く設定されている事柄もあれば，スタンダードの範囲が狭い状態の事柄もあるということを模式的に表している。

　インクルージョンの考え方では，学習環境を変化させて子どもの教育的ニーズを包含できる範囲を可能な限り拡げようとするが，その際にもし学習環境にかかわる条件が変化することなく固定的であると，そこに「通常の範囲内」と「通常の範囲外」との間の境界線が発生する。この境界線も条件設定を厳密にすればするほど，まるで越えられない壁のような強固な境界となりかねない。スタンダードとスタンダード外の境界も柔軟に考えることが大切なのである。

（3）日本型統合教育論におけるスタンダードの捉え方

　インクルーシブ教育について，日本では「障害のある者と障害のない者が共に学ぶ仕組み」（特別支援教育の在り方に関する特別委員会，2012）との表現に象徴されるように，「統合教育」の視点から理解されるのが一般的である。

　北欧なども基本的に「統合教育」の形態でインクルーシブ教育を制度化しているのだから，日本もそれらと同様に考えることができると思われるかもしれない。しかし，たとえばスウェーデンの統合教育を成立させている条件と日本での統合教育とは，同じ用語が使用されていても学校制度をはじめとした制度と個人との関係性，学校と個人との関係性が大きく異なっており，表面的形態の類似性をもって論じること自体がそもそも不適切である。例を挙げると，学校選択への子ども自身の意向の優先度がスウェーデンと日本とでは大きく異なっている。自ら学習の場を選択する意志が優先されるかどうか，また，選択で

きる学習の場や時間数の設定に本人の希望が反映される程度，さらには学習成果に対する評価基準の違いなど，列挙すればきりがないほどに条件が異なっており，日本の場合はあくまでも「日本型の統合教育」であることに留意しなければならない。

　そして，この日本型統合教育論のほぼすべてが，じつは通常学校を「スタンダード（標準)」として想定して論じられ，通常学校に「受け入れる」ことを要求するという展開が続けられてきたのであった。しかし，教育におけるインクルージョンの考え方は，あくまでも教育制度全体において「多様性を包含する範囲を拡大すること」である。

　通常学校で現在展開されている授業をはじめとした学習活動が固定的なスタンダードである度合いが強ければ強いほど，また，そこでスタンダードであることにかかわる条件が厳密化されるほどに，包含することができる教育的ニーズは少なくなってしまう。そして，包含されなかった教育的ニーズがある状態の子どもに対して，この子には（発達障害等に起因する)「課題」があると判断して，その個体要因ばかりを詳細に分析して特別な支援を提供することは，たとえ通常学校で行われている実践であっても，それはインクルーシブ教育なのではなく，「通常学校における障害児教育」である。通常学校において展開される障害児教育としての専門的指導とインクルーシブ教育とは同義ではないことを正確に理解しておきたい。インクルーシブ教育が従来からの障害児教育よりも優れているわけではないし，まして置き換えられるべきものでもない。そもそも両者は密接な関係性にあり，通常学校における障害児教育の在り方とインクルージョンの概念を正確に理解しながら「子どもの課題」の捉え方を見直して支援の軸についての議論と共通理解を図る必要がある。これをしないままに実践を進めざるを得ない状況であることが深刻な問題なのである。

　インクルーシブ教育の考え方のもとでの「子どもの課題」の捉え方は，子どもの意思を尊重しながら，学校のどのような環境条件において他の子どもとは異なった指導や追加した指導が必要であるのかという視点から把握することが肝要である。子どもにとって特別な支援の必要性が顕在化する状況には，必ず

学習環境の条件とのかかわりが存在するからである。インクルーシブ教育の考え方は，「子どもの課題」を学習環境を改善するための手がかりとして捉えるのである。

3　学習環境を変化させる必要性

(1) 見せかけの包含の問題

　インクルージョンの考え方は，「いかに通常学級についていけるようにするか」ではなく，学校制度を改善して子どもの教育的ニーズを包含できるようにするための継続的なプロセスに本質的意味を有しているということを繰り返し述べてきたが，教育におけるインクルージョンは，それ自体は目的や到達目標ではない。あくまでもすべての子どもが質の高い教育を受ける権利を保障するために学習環境と教育制度を整えるプロセスを表す概念である（真城，2011a）。それゆえにインクルージョンの考え方においては，「子どもの課題」について，それが顕在化する環境条件に視座が置かれるのである。

　筆者（真城，2011b）は，「通常学級において著しい離席行動のある子どもへの支援に際して，離席頻度の抑制ばかりを考えてしまうようではいけない。仮に離席の頻度が減少し，着席していたとしても，実際に学習活動に参加して自らの力を引き出す時間になっていなければ，その子どもの教育的ニーズが包含されたとはいえないからである。これでは「見せかけの包含」である。また，ある子どもの教育的ニーズを包含するための対応が，同じ学習機会に参加している別の子どもの教育的ニーズを排除してしまうこともある。たとえば，学習進度が大きく異なる子どもで構成される学習集団では，状況に応じて学習進度の相違をふまえた対応が欠かせないが，授業進行を学習速度のもっともゆっくりした子どもに「合わせる」だけでは，学習進度の速い子どもの教育的ニーズが包含できないことがある。この場合，特定の子どもだけが支援を得られる一方で，別の子どもの教育的ニーズが排除されてしまっているのである。もちろん，速度の速い子どもだけに合わせただけの場合も同じである」と指摘してい

る。これは現在の日本で進められようとしているインクルーシブ教育システム
が，ことさらに通常学級での学習活動への障害のある子どもの参加だけに焦点
が偏っていること，そして，通常学級での対応において「子どもの課題」への
対応に強い意識が向けられている一方で，当該の子どもにとっての学習になっ
ているかどうか，さらには子ども自身の「受け止め」や「育ち」への視座が欠
如しがちであるという問題を背景にしている。

（2）「子どもの課題」という見方に変化を

　（障害のある）子どもの課題や問題に対して専門的支援を用意することに力点
を置くか，すべての子どもの多様性に対応できる範囲を拡大できるように学習
環境を変化させることに力点を置くか，という二つの視点の中で，インクルー
ジョンの概念は，その本質的特性として後者に立脚していることは正確に理解
されていなければならない。その上で，学校において，この両者のバランスを
取っていくことが肝要なのである。

　「すべての子に同じように対応しようとすれば，個人差を無視するリスクが
生じるし，子どもごとに異なる対応をしようとすれば，一部の子だけにより多
くの対応をすることでの不公平（unfair）が生じるリスクが生じてしまう」
（Cigman, 2006）との指摘があるように，通常学校において両者のバランスをと
ることは容易ではない。しかし，「子どもの課題」という捉え方をせず，「教育
的ニーズ」に影響を与える様々な要因の中で，子どもが有する要因の一つにす
ぎないと捉える特別な教育的ニーズの概念（真城，2003）の特徴をふまえて理
解すれば，インクルージョンの概念はより適切にその本質を理解されるように
なるであろう。インクルージョンと特別な教育的ニーズの概念の理解は，「子
どもの課題」への視座への捉え直しをもたらしてくれるのである。

　学習環境に不備がある場合に，その影響を最初に受けるのが「支援が必要」
であるとされる子どもたちである。そして，そこで生じる事象はその「子ども
の課題」として見なされることが多いが，子どもにかかわる情報収集はしつつ
も，「課題」があると捉えるのではなく，子どものもつある条件にかかわる事

象が顕在化しやすい学習環境に焦点を当てて，その改善によって教育的ニーズの多様性を包含するのがインクルージョンの考え方にもとづく視点なのである。

〈文　献〉

真城知己　2003　特別な教育的ニーズ論　文理閣

真城知己　2010　イギリスのインクルーシヴ教育　発達障害研究，**32**(2)，152-158.

真城知己　2011a　インクルーシヴ教育実験学校の構想―検討課題の設定に向けて―　千葉大学教育学部研究紀要，**59**，1-6.

真城知己　2011b　我が国におけるインクルーシブ教育に向けての動向の整理　特別支援教育研究，**650**，4-6.

真城知己　2012　インクルーシヴ教育実験学校の構想（2）―学校教育目標を考えるために―　千葉大学教育学部研究紀要，**60**，333-339.

眞城知己　2017　イギリスにおける特別な教育的ニーズに関する教育制度の特質　風間書房

特別支援教育の在り方に関する特別委員会　2012　共生社会の形成に向けたインクルーシブ教育システム構築のための特別支援教育の推進（報告）　文部科学省中央教育審議会初等中等教育分科会

Ainscow, M.　1994　*Special needs in the classroom.* Jessica Kingsley Publishers. pp. 6-8.

Cigman, R.　2006　*Included or excluded: The challenge of the mainstream for some SEN children.* Routledge. p. xxii.

Sanagi, T.　2016　Teacher's view on a balance of pupil's effort and provision for grading. IAFOR International Conference on Education（Hawaii Convention Center），p. 49.

Sanagi, T.　2018　How do mainstream teachers think which is a suitable education setting for children with special educational needs in mainstream classroom or individualized setting? International Conference for Academic Disciplines 2018（University of Freiburg, Germany）.

第11章 子どもの学校生活に影響を及ぼす 家庭の問題と学校のかかわり

石 田 祥 代

―― **本章のねらい** ――

　第10章では，「子どもの課題」とその捉え方について考察を行ったが，子どもが学校で不安定な状況にあるときに，子どもへの働きかけや支援でニーズが満たされる場合がある一方で，いくら働きかけを行ってもうまくいかないこともある。そのような場合には，子ども本人ではなく，子どもが置かれている環境や子どもの家庭などに問題が潜んでいるかもしれない。そこで本章では，まず，保護者が抱える悩みや心配事，保護者自身が抱える問題，社会的養護を行っている職員や里親が抱える問題を整理したい。その上で，学校はそれらの問題をどのように捉えればよいのか，家庭への指導や支援をどのようにしたらよいのかについて考察を行いたい。

1　子どもや家族についての保護者の悩みや心配事への理解

（1）子どもについての悩みや心配事

　学齢児を持つ保護者の相談ニーズに関する調査研究（香野・大石・田代・坂間，2017）では，小学校8校，中学校6校，小中学校の特別支援学級10学級，特別支援学校（知肢併置校）1校に子どもが在籍する保護者（父親・母親・祖父母・その他）1,389名を対象に行われた調査の結果について報告されている（表11-1）。この調査では，子どもについての悩みや心配事を①生活習慣，②学校・進路，③友人関係，④健康医療の四つの領域に分類し，それぞれについて回答が求められた。保護者の子どもに関する悩みや心配事は，きょうだいの数が多い場合

表11-1　子どもや家族についての保護者の悩みや心配事

分　類	悩み・心配事の具体例
子どもの 生活習慣	早寝・早起き，過眠・睡眠不足，身支度・衛生，食事マナー・偏食，服薬管理，金銭管理，留守番，外出・買い物，携帯電話等の端末機の利用，パソコンやゲームの利用，家庭学習・宿題，非行・暴力
学校・進路	学習態度，学力，運動・体力，部活動，教員との関係，不登校・登校しぶり，進学，就職
子どもの 友人関係	友人との付き合い方，特定の友人がいない，遊びの内容，いじめ
子どもの 健康医療	身体の病気，心の病気，発達の遅れやその疑い
PTA 委員・ 係	活動に関連した仕事の量，特定の保護者との関係性，保護者のグループとの関係性，学校との距離感の測り方
学校外の 教育活動	学習態度，学力，上達，運動・体力，怪我，会費・月謝，欠席・参加しぶり，友人との付き合い方，保護者の係
家　族	家族の身体の病気，家族の心の病気，きょうだいの問題，家族間の不和，家族の介護，家庭の経済的不安，近隣との不和

（出所）香野他（2017）に筆者が加筆

や時期によっても異なる。たとえば，学校あるいは学級や担任が変わる新年度，進学のための受験が控えている子どもがいる年度，子どもが怪我をしたり病気になったりしたとき，あるいは，子どもに障害がある（かもしれない）場合などである。あるいは，子どもが学校から落ち込んで帰ってきたときや苦手なことに挑戦する前日など，長くは続かない短期的で一時的な気がかりも多々ある。

　また，子どもの学校に保護者がかかわる機会としてPTAの活動や保護者による係や役員の活動が挙げられる。このような活動を通して，保護者間のつながりができる，保護者と学校の支え合いができる，父親が積極的にかかわる体制づくりを行っている，行事のような人手が必要なときに保護者が学校をバックアップできる，などのようなプラスの側面もある。一方で，保護者にも学校教職員側にも総会や会議への出席が求められる，活動に参加している保護者としていない保護者間の負担の差が大きい，保護者間の関係性が悪くなってしまった，のようなマイナスの側面もあるため，負担が大きいと感じる保護者の中には，他の保護者とのかかわり方や学校との距離感の測り方で悩んでいる人も

表11-2　子どもが学校外で参加する教育活動（2017年3月）

(%)

活動の内容	小学生	中学生	高校生
スポーツ活動（学校の部活動を含む）：スイミング，サッカー／フットサル，体操教室・運動遊び，硬式テニス／ソフトテニス，ダンス，硬式野球／軟式野球／ソフトボール，陸上競技／マラソン，バスケットボール，卓球，空手	63.6	61.7	47.3
芸術活動（学校の部活動を含む）：楽器の練習・レッスン，絵画／造形，音遊び／リズム遊び（音楽教室），合唱／コーラス，リトミック，バレエ，茶道，演劇／ミュージカル，写真，声楽／ボイストレーニング	28.7	29.0	26.9
教室学習活動：受験勉強をするための塾（進学塾），英会話・英語教室，習字／硬筆，学校の補習をするための塾（補習塾），計算や漢字などのプリント教材教室，そろばん，学校が行う補習教室，算数・数学教室，能力開発のための幼児教室，国語・作文教室	49.1	57.0	36.5
家庭学習活動：市販の参考書・問題集，通信教育，絵本，塾の参考書・問題集，知育玩具，幼児向けの雑誌，パソコンやタブレットの教材，スマートフォンの学習アプリ，学習雑誌，一括購入のセット教材	60.1	61.3	40.4

（出所）木村他（2017）を一部修正

多い。

　日本において，現在学齢児を育てる保護者は，彼ら自身が子どものときに習い事や塾を経験している世代が中心である。そのため，子どもを習い事や塾に通わせている状況は珍しいことでも都市部のみに限ったことでもなく，かなり一般的な状況である。学校外教育活動に関する調査(1)（木村・邵・朝永，2017）によれば，小中高生が学校外で参加している活動については，表11-2のような結果であった。そして，それらにかかる費用の1か月1人当たり平均額は，小学生で15,300円，中学生で22,200円，高校生で16,900円であった。保護者は，習い事や塾を通じて，子どもの興味・関心を拡げたいと考え，子どもの発達や成長を期待しているであろう。このような学校外の教育活動に関係して，どのような習い事や塾を選ぶべきかについてや，送り迎えを含む子ども・保護者のスケジュールについて，会費等にかかる費用と費用対効果について，このような活動における他の子や他の保護者との関係性について，校外の教育的活動を通しての子どもの成長と発達について，思うように習い事や塾に通わせてあげられないことについて，など子どもへの期待や心配事は次から次へと保護者の気持ちを左右する。

　加えて，スポーツセンターのような事業者ではなく地域で組織されているスポーツ活動においては，保護者の引率や見守り，係の仕事が求められることがある。入会する際に活動への保護者のかかわりについて理解した上で入会をしたとしても，実際に活動が始まれば家事や仕事との両立や保護者間の関係性などで悩みが生まれてくることも少なくない。

（2）家族についての悩みや心配事

　学齢児を持つ保護者の相談ニーズに関する調査研究（香野他，2017）では，保護者の家族についての悩みや心配事に関しても調査を行い，「家族の身体の病気」「家族の心の病気」「きょうだいの問題」「家族間の不和」「家族の介護」「家庭の経済的不安」「近隣との不和」「その他」「特になし」の中から回答を求めている。結果，全体的な傾向として，「特になし」がもっとも多く，次に「家庭の経済的不安」との回答が多かった。特別支援学級においては，「家族の身体の病気」「家族の心の病気」「家庭の経済的不安」が，また特別支援学校・特別支援学級ともに「きょうだいの問題」の回答が多いという結果だった。

　福祉的な支援や心理的な支援を必要とする家庭では，問題が複雑で複数あり，それらが相互に悪影響を及ぼしていることが珍しくない。そして，子どもたちの拠り所となる家庭が不安定な状況であれば，子どもは当然不安定になり，そのような不安定な気持ちを抱えたまま子どもは学校での時間を過ごしている。高学年や中学生になれば子どもが自身の気持ちを隠したり，他者に見せなかったりすることも多く，教員は注意深く一人ひとりの子どもの変化を捉え，早期支援の機会を逃さないことも大切である。

2　保護者自身や職員・里親が抱える悩みや問題

（1）保護者自身が抱える悩みや問題

　子どもの行動が学校で問題となったり，感情の抑制がうまくいかなかったりするときなどは，子ども本人に課題があり，そのための指導および支援が必要

表11-3　保護者自身が抱える悩みや問題

悩み・問題	具体的な例	問題となって現われることの例
保護者自身の病気や障害	病気，怪我，身体の不調，精神的不安定，知的障害，発達障害，発達障害の疑い	食事や風呂など子どもの家庭生活の乱れ，子どもの精神的不安定，保護者と教職員や他の保護者との間の関係不良，学校からの連絡が届かない，学校の持ち物・宿題忘れ
保護者自身の仕事の状況	ワーク・ライフ・バランスがとれない，失業，父親の単身赴任，仕事上の悩みがある，職場の人間関係がうまくいっていない	子どもにかかわる時間がない，子どもに適切にかかわることができない，家族内での人間関係や役割分担の軋轢，学校からの連絡が届かない，学校の持ち物・宿題忘れ
家庭の状況	貧困，借金，ひとり親家庭，介護者家族，一時的に多くの支出，多児	適切な衣食住に欠く，子どもと向き合う時間が確保できない，子どもの進学や勉強へのモチベーションの低下
保護者の癖や主義	賭け事依存，アルコール依存，悲観主義，完璧主義	子どもにかかわる時間がない，子どもへの過剰期待，チャイルド・マルトリートメント，しつけが厳しい，子どもの自己肯定感が低い
保護者の養育問題	反抗期や思春期への向き合い方がわからない，子どもと相性が悪い，養育方法がわからない	学校からの連絡が届かない，学校の持ち物・宿題忘れ，チャイルド・マルトリートメント，虐待，しつけが厳しい，子どもの自己肯定感が低い

（出所）筆者作成

　になることはもちろんあるが，その背景に保護者が抱える悩みや問題，子どもと保護者との間の関係の不安定さが見られることもある。保護者自身が抱える悩みや問題として，表11-3のようなことが考えられる。
　そして，それらの悩みや心配事を相談できる相手がいない，家庭の中で問題を共有することが難しい，家庭の中で意見が一致しない，保護者の抱える悩みや心配事が複雑かつ多数ある，保護者の関心のほとんどが子どもに向いている，などの場合，保護者の体と心のバランスが不安定になることが多い。加えて，保護者自身の問題解決能力の高低，楽観的に物事を捉えるか悲観的に捉えるかの違い，そのときの子どもと保護者との関係性，など様々な要因が影響し，悩みや心配事がいっそう深くなることもあれば，それらの悩みや心配事が比較的簡単に解決したり，なんとかやり過ごしたりできることもある。

（2）社会的養護が必要な子どもたちを養育する職員・里親の悩みや問題

　子どもの中には，家庭の問題，経済的理由や虐待等により，保護者と離れて

表11-4　社会的養護の現状（里親数・施設数・児童数等）

	家庭における養育を里親に委託		登録里親数	委託里親数	委託児童数	フ ァ ミ リ ー ホ ー ム	養育者の住居において家庭養護を行う（定員5〜6名）	
里 親			12,315世帯	4,379世帯	5,556人			
	区分（里親は重複登録有り）	養育里親	10,136世帯	3,441世帯	4,235人		ホーム数	372か所
		専門里親	702世帯	193世帯	223人			
		養子縁組里親	4,238世帯	317世帯	321人		委託児童数	1,548人
		親族里親	588世帯	558世帯	777人			

施　設	乳児院	児童養護施設	児童心理治療施設	児童自立支援施設	母子生活支援施設	自立援助ホーム
対象児童	乳児（特に必要な場合は，幼児を含む）	保護者のない児童，虐待されている児童その他環境上養護を要する児童（特に必要な場合は，乳児を含む）	家庭環境，学校における交友関係その他の環境上の理由により社会生活への適応が困難となった児童	不良行為をなし，又はなすおそれのある児童及び家庭環境その他の環境上の理由により生活指導等を要する児童	配偶者のない女子又はこれに準ずる事情にある女子及びその者の監護すべき児童	義務教育を終了した児童であって，児童養護施設等を退所した児童等
施設数	140か所	605か所	50か所	58か所	226か所	176か所
定　員	3,857人	31,826人	1,985人	3,609人	4,672世帯	1,148人
現　員	2,678人	24,908人	1,366人	1,226人	3,735世帯児童6,333人	643人
職員総数	5,048人	18,869人	1,384人	1,815人	2,084人	858人

（注1）里親数，ファミリーホーム数，委託児童数，乳児院・児童養護施設・児童心理治療施設・母子生活支援施設の施設数・定員・現員は福祉行政報告例（平成31年3月末現在）
（注2）児童自立支援施設・自立援助ホームの施設数・定員・現員は家庭福祉課調べ（平成30年10月1日現在）
（注3）職員数（自立援助ホームを除く）は，社会福祉施設等調査報告（平成30年10月1日現在）
（注4）自立援助ホームの職員数は家庭福祉課調べ（平成31年3月1日現在）
（注5）児童自立支援施設は，国立2施設を含む
（出所）厚生労働省（2020）

　暮らしている者がいる。2020（令和2）年の厚生労働省による報告によれば，その対象は約45,000人であり，内訳は表11-4のようである。
　児童福祉施設のうち，児童養護施設については，10箇所の施設職員201名を対象に，養育観とストレスに関して行われた調査報告がある（新村・葛西，2017）。この調査の結果，児童養護施設の職員は，業務や役割の遂行が困難なとき，対応困難な子どもとかかわるとき，子どもを取り巻く環境に問題があるときに，よりストレスを感じていた。対応困難な子どもとのかかわりにおいて

153

は，子どもに反抗されること，子どもが自分の理解できない言動をすること，子どもに傷つくような言葉をかけられること，生活指導・日課や規則を守らせるためにエネルギーを使うこと，よいと思ってしたことが子どもにわかってもらえないこと，子どもに嘘をつかれること，が挙げられており，このような項目については実親や血縁関係のある保護者にとっても，同じようにストレスとなっていると推測される。一方で，職員ごとに態度を変える子どもを指導すること，暴力的で威圧的な態度をとる子どもを指導すること，感情のコントロールがうまくできない子どもを指導すること，子どもの生活習慣を修正することの難しさを感じること，自分の指導能力が足りないと感じることなど，施設職員だからこそ，よりストレスになり得る項目もあった。

　児童福祉施設から学校へ通う子どもは，家庭の環境上の理由で，施設へ入所するまでに生活の変化を余儀なくされている。自分自身の感情を児童養護施設職員や学校教職員にぶつけてくる子どもがいる一方で，感情を閉ざして表さない子どももいるだろう。学校教育関係者は，児童福祉施設の職員とつねに情報を交換しながら，一人ひとりの子どもが「生きる力」を身につけていけるような教育を進めていきたいものである。

　そして，児童福祉施設の職員だけでなく，里親も里子の養育に関する様々な悩みを抱えていることが調査によって明らかとなっている。全国66箇所の地域里親会に所属する1,026名から回答を得た調査結果では，里子の行動が不安定な場合に，養育が困難だと感じる里親の割合が高いことが明らかとなった（表11-5）。行動の不安定性のうち里子の「考えられない行動」には，①キレる・パニックを起こす，②暴力・暴言，③常識を欠く・危険が分からない，④不連続・不安定，⑤非行・不道徳，⑥性的行動，⑦一人で遠出・知らない人について行く，⑧心を閉ざす・独り言，⑨生活習慣の形成不全・常識を欠く，が挙げられた。

　このような養育の難しさがある里子であったとしても，「里子が私のことを好きでいてくれる」「里子が私を頼りにしている」と里親が感じていれば，里子の養育返上にはつながらず，問題があったとしてもなんとか乗り越えている

表11-5 里子の行動の不安定性と里親の養育困難性 (%)

行動の不安定性	ひどく困難	ふつう位に困難	わりと育てやすい	とても育てやすい
落ち着きがない	37.3	33.0	21.7	8.0
行動がマイペース	42.3	34.2	17.1	6.4
情緒が不安定	42.4	33.4	16.6	7.6
考えられない行動	41.8	32.7	18.0	7.5
固まってしまう	27.8	9.8	4.1	3.2
すぐに自分の世界に入ってしまう	26.9	4.6	0.6	0.0
平　均	36.4	24.6	13.0	5.5

（出所）深谷・深谷・青葉（2014）を一部修正

表11-6 里親・里子の気持ちの通い合いと里親の養育困難性 (%)

気持ちの通い合い	ひどく困難	ふつう位に困難	わりと育てやすい	とても育てやすい
気持ちが通わない	46.7	42.0	10.0	1.3
わりと通い合う	19.3	44.6	29.5	6.6
とても通い合う	12.0	28.5	33.3	26.3
平　均	24.6	39.7	25.4	10.4

（出所）中山・深谷・深谷（2018）を一部修正

事例があることも面接調査より明らかとなっている。一方，気持ちが通わない里子の場合に，養育の困難性が増す傾向にあった（表11-6）。

　もちろん，里子を育てて生活がより充実している里親や，里子の発達・成長から子育ての喜びを感受している里親も多い。その一方で，里親家庭で養育がかなり難しいと考えられている里子の多くは，学校生活においても学習のつまずき，クラスメートとの関係性，他害自害，登校しぶり・不登校，非行のような問題を抱えている。このような子どもの困難性を，家庭環境，実親や里親委託前の機関・施設に押し付けることは有益とは言えず，里親家庭と学校が手を携えて，かつ外部機関の力を借りながら教育に当たらなければ，子ども自身も，そして里親も教員も困難性を保ち続けてしまうことになりかねないだろう。

3　保護者・家庭への支援と学校の役割

　学校は心身の発達に応じて，教育を施すことを目的としており，子どもが安全に，安心して学習できるような教育環境が構築されることが目指されている。日本では，従来「家庭の問題にどこまで踏み込んでよいのか」「子どもが学校から帰った後は家庭の責任である」というように，学校のみならず相談機関や警察ですら，家庭への関与はしすぎない傾向にあった。それゆえに，たとえ子どもへの働きかけのみ行ってもうまくいかない場合でも，学校から家庭に深くかかわりをもつことが避けられたり，家庭からの協力が得られず支援を諦めたり，あるいは，学校への直接的な被害がなければ問題解決を先送りにするといったようなこともあったかもしれない。しかしながら，子どもが抱える問題の中には，子ども自身が努力したり変えたりしたいと思っていても難しく，それがゆえに学校での生活が安定しないこともある。このような状況を鑑みて，文部科学省は，2007（平成19）年に，「児童生徒の教育相談の充実について」を報告し，2008（平成20）年には教育振興基本計画で，教育相談をするすべての小中学生が，適切に教育相談等を受けることができるよう，スクールカウンセラーやスクールソーシャルワーカー等の活用など教育相談体制の整備を支援するとともに，自殺予防に向けた取り組みを支援することを盛り込んだ。

　近年では，2017（平成29）年に「児童生徒の教育相談の充実について（通知）」において「これまでの教育相談は，どちらかといえば事後の個別事案への対応に重点が置かれていたが，今後は不登校，いじめや暴力行為等問題行動，子どもの貧困，虐待等については，事案が発生してからのみではなく，未然防止，早期発見，早期支援・対応，さらには，事案が発生した時点から事案の改善・回復，再発防止まで一貫した支援に重点を置いた体制づくりが重要である」と言及されている。このように，問題解決型から予防型の支援体制にしていくためにも早期に家庭へ介入し，問題を未然に防ぐ姿勢が，学校にも教育関係諸機関や関係者にも求められているのである。本書では，第12章から第14章

にかけて，学校の指導体制や校内外連携についてインクルーシブな学校づくりの視点から，さらに検討を進めていきたい。

〈注〉

⑴　同調査研究は全国の幼児から高校生の子どもをもつ母親16,000人を対象としており，2009年と2013年に実施された調査との比較，発達段階による活動の違いについての分析も行われている。インターネットで調査結果を閲覧することが可能であり，関心のある読者は参考にされたい。

⑵　同調査では探索的因子分析が行われており，因子Ⅰ業務・役割遂行の困難，因子Ⅱ対応困難な子どもとのかかわり，因子Ⅲ子どもを取り巻く環境と命名されている。

〈文　献〉

深谷昌志・深谷和子・青葉絃宇　2014　虐待体験と発達に問題を持つ里子の養育困難に関する研究—第2回里親全国調査（平成25年度）をもとに—　平成25年度厚生労働科学研究補助金（政策科学総合研究事業）報告書

木村治生・邵勤風・朝永昌孝　2017　学校外教育活動に関する調査2017—幼児から高校生のいる家庭を対象に—　ベネッセ教育総合研究所　https://berd.benesse.jp/up_images/research/2017_Gakko_gai_tyosa_web.pdf（2020年11月6日参照）

香野毅・大石啓文・田代篤・坂間多加志　2017　学齢児を持つ保護者の相談ニーズに関する調査研究　静岡大学教育学部附属教育実践総合センター紀要，**26**，1-7.

厚生労働省　2020　社会的養育の推進に向けて　https://www.mhlw.go.jp/content/000503210.pdf（2020年11月6日参照）

文部科学省　2007　児童生徒の教育相談の充実について（報告）—生き生きとした子どもを育てる相談体制づくり—

文部科学省　2008　教育振興基本計画

文部科学省　2017　児童生徒の教育相談の充実について（通知）28文科第1423号

中山哲志・深谷昌志・深谷和子　2018　子どもの成長とアロマザリング　里親里子問題への接近　ナカニシヤ出版

新村隆博・葛西真記子　2017　児童養護施設職員の養育観とストレスに関する調査研究—児童養護施設職員の養育観尺度開発を通して—　なると養育大学学校教育研究紀要，**32**，183-190.

第12章 インクルーシブな学校の指導体制と
指導方法の工夫

是永かな子

本章のねらい

　本章では，まず学校での指導体制と指導方法に関する現状と課題として，とくに小・中学校における多様な子どもへの対応について示す。次に指導体制と指導方法に関する示唆として，北欧の義務教育学校でとられているインクルーシブ教育を推進するための方策について記す。そして指導体制と指導方法改善の具体的方法として，日本の小・中学校における多様な子どもへの対応や交流および共同教育について紹介する。最後に指導体制と指導方法の工夫のための挑戦を提起する。

1　指導体制と指導方法に関する現状と課題

　近年，通常の学級においても多様な子どもに対応する必要性が指摘されている。2002（平成14）年の文部科学省の「通常の学級に在籍する特別な教育的支援を必要とする児童生徒に関する全国実態調査」以降，通常学級においても支援が必要な子どもが在籍していることが明らかになった（第１章参照）。その10年後に行われた2012年「通常の学級に在籍する発達障害の可能性のある特別な教育的支援を必要とする児童生徒に関する調査結果について」においても，以前の2.9％から3.6％に行動面に困難を有する子どもの割合が増加し，通常学級内で多様な子どもを指導するための体制や方法が模索されている。

　調査を受けて，2003（平成15）年３月に文部科学省は「特別支援教育の在り方に関する調査研究協力者会議」の「今後の特別支援教育の在り方について

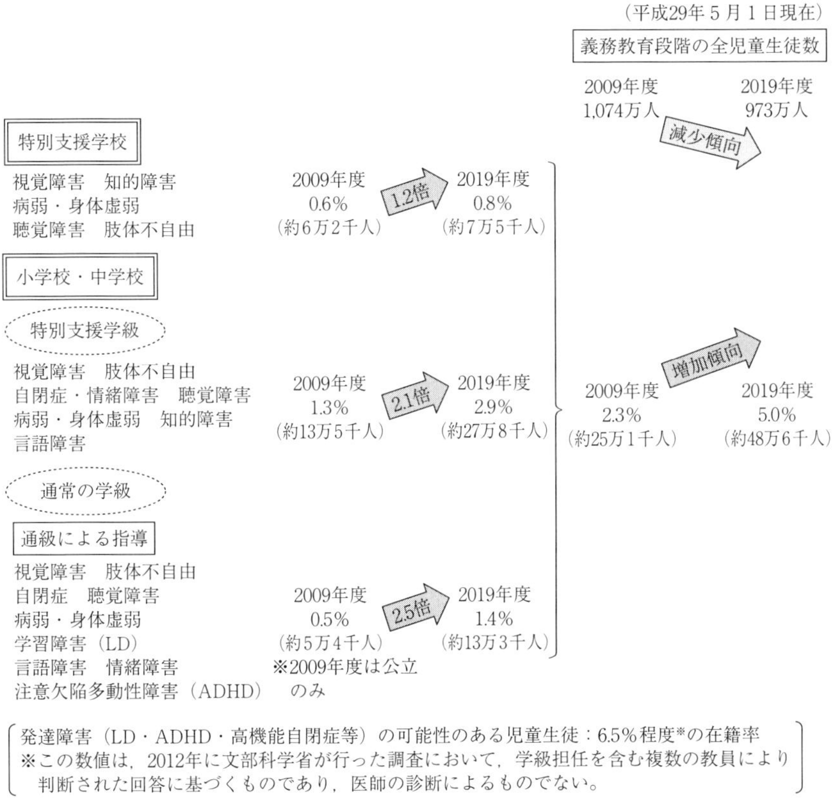

（平成29年5月1日現在）

義務教育段階の全児童生徒数

2009年度　　　　2019年度
1,074万人　　　　973万人
減少傾向

特別支援学校

視覚障害　知的障害
病弱・身体虚弱
聴覚障害　肢体不自由

2009年度　　　　2019年度
0.6%　　1.2倍　　0.8%
（約6万2千人）　（約7万5千人）

小学校・中学校

特別支援学級

視覚障害　肢体不自由
自閉症・情緒障害　聴覚障害
病弱・身体虚弱　知的障害
言語障害

2009年度　　　　2019年度
1.3%　　2.1倍　　2.9%
（約13万5千人）　（約27万8千人）

増加傾向

2009年度　　　　2019年度
2.3%　　　　　　5.0%
（約25万1千人）　（約48万6千人）

通常の学級

通級による指導

視覚障害　肢体不自由
自閉症　聴覚障害
病弱・身体虚弱
学習障害（LD）
言語障害　情緒障害
注意欠陥多動性障害（ADHD）　のみ

2009年度　　　　2019年度
0.5%　　2.5倍　　1.4%
（約5万4千人）　（約13万3千人）
※2009年度は公立

発達障害（LD・ADHD・高機能自閉症等）の可能性のある児童生徒：6.5%程度※の在籍率
※この数値は，2012年に文部科学省が行った調査において，学級担任を含む複数の教員により
　判断された回答に基づくものであり，医師の診断によるものでない。

図12-1　特別支援学校等の児童生徒の増加の状況

（出所）内閣府（2020）

（最終報告）」を出し，小・中学校において LD，ADHD，高機能自閉症の児童
生徒への教育的支援を行うための総合的な体制を早急に確立することが必要と
提言した。

　そして文部科学省は2004（平成16）年に「小・中学校における LD，ADHD，
高機能自閉症の児童生徒への教育支援体制の整備のためのガイドライン（試
案）」を示し，教育行政担当者，小・中学校の教職員，その他の専門家，保護
者・本人それぞれが果たすべき事項について明示し，指導体制整備や指導方法

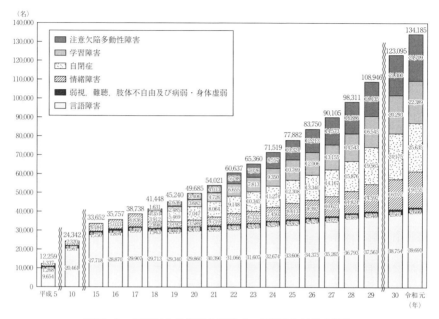

図12-2 通級による指導を受けている児童生徒数の推移
（障害種別／小・中・高等学校合計）

（注1） 各年度5月1日現在。
（注2） 「注意欠陥多動性障害」及び「学習障害」は，平成18年度から通級による指導の対象として学校教育法施行規則に規定し，併せて「自閉症」も平成18年度から対象として明示（平成17年度以前は主に「情緒障害」の通級による指導の対象として対応）。
（注3） 平成30年度から，国立・私立学校を含めて調査。
（注4） 高等学校における通級による指導は平成30年度開始であることから，高等学校については平成30年度から計上。
（注5） 小学校には義務教育学校前期課程，中学校には義務教育学校後期課程及び中等教育学校前期課程，高等学校には中等教育学校後期課程を含める。
（出所） 文部科学省（2020）

の明確化に着手した（文部科学省，2004）。

　このように日本においても従来の集団指導では十分ではない子どもへの対応が求められている。

　さて，図12-1に示されるように，現在，特別支援教育対象児は年々増加傾向にある。とくに特別支援学級は2009（平成21）年比で2.1倍，通級による指導は2009（平成21）年比で2.5倍であり，インクルーシブ教育を推進するためには，

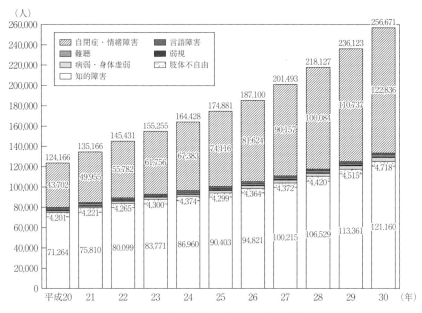

図12- 3　特別支援学級在籍者数の推移

（出所）文部科学省（2019）

　早期発見，早期支援の重要性や，通常学級に返すための通級の活用などが重要
になってくるであろう。

　通級による指導の対象の実態は図12- 2に示すとおりであり，とくに，
ADHD（注意欠陥多動性障害），LD（学習障害），自閉症，情緒障害の児童生徒数
の増加が顕著である。

　そして特別支援学級については，図12- 3のように自閉症・情緒障害の特別
支援学級在籍者数の伸びが目立つ。

　ADHD等が特別支援学級の対象となる場合は「情緒障害」の特別支援学級
の対象となることから，多様な自閉症・情緒障害学級が存在すること，また複
数の学年をひとまとめにした複式学級として編成される情緒障害特別支援学級
も多いことから，その指導体制と指導方法の具体化における困難さが推測され
る。また，知的障害特別支援学級の在籍者数の増加についても，もともとは発

達障害だけの困難性があった子どもが適切な指導を受けることができないため低学力になるなどの発達障害の二次障害対応も含めて検討されるべき課題であると考える。

　最後に，学力向上と特別支援教育の関連性も指摘しておきたい。2000年のOECD の PISA 調査以降，「学力」に関する注目は高まっており，2007年からは「全国学力・学習状況調査」が行われている。その結果，「学力向上」が各学校の課題として提示されている。「子どもたちの学力水準を下支えしている学校の特徴に関する調査研究」では，就学援助率が上昇するほど学校の平均正答率が下がる傾向があり，また学校が課題を抱える可能性も高いことを明らかにするとともに，就学援助率の水準から見て高い成績をおさめている学校の成功の八つのポイントにおいて，「豊かなつながりを生み出す生徒指導，すべての子どもの学びを支える学習指導（多様な学びを促進する授業づくり，基礎学力定着のためのシステム）」を提示している（志水，2015）。このように，学力向上においても多様な学びや基礎的なつまづきを回復するための特別支援教育の視点が重要であると考える。

2　指導体制と指導方法に関する示唆──北欧の実践から

（1）学力向上と指導体制

　学力向上と指導体制の関係としては，PISA 調査で高成績を示したフィンランドの実践が参考になる。フィンランドでは約30％の子どもが第二段階もしくは第三段階の特別教育対象で，その背景には特別教育の活用が重視されている。また，学級に返すための支援についても，フィンランドは段階的支援をナショナルカリキュラムに位置づけて，第一段階では柔軟な支援を実施し，場に応じるのではなくニーズに応じる支援を実施する。その結果，個別の抽出支援も第一段階支援や第二段階支援として位置づけ，早期支援を実施しているのである。他には一定期間・時間支援を受けるパートタイム特別教育を活用したり，担任教員や科目教員と特別教員がともに授業を行うコティーチング（Co-teaching）

が取り組まれたりしている（Saloviita & Takala, 2010）。

　さらに，フィンランドでは，ナショナルカリキュラムに明示された段階的支援と行動問題への支援を主眼に置いて，学校全体で行う第一次支援，クラスで行う第二次支援，管理職や関係諸機関との連携を行う第三次支援と，階層的に支援を行う SWPBIS（School Wide Positive Behavior Interventions and Supports）やノルウェーで開発された指導法 PALS を参考に Prokoulu プロジェクトが着手されている。教室での破壊的な行動は，学校での学習に重大な課題をもたらすとともに子どもの学業成績のリスク要因であり，教員間の仕事関連ストレスの主要な原因である。Prokoulu プロジェクトとしての 2 か月のパイロットスタディでは，子どもに対して期待される行動の明確化，積極的な行動支援によって，器物破損や対人暴力などの破壊的な行動の大きな減少を示した（Närhi et al., 2015）。

（2）柔軟な学習集団

　さて，従来の集団指導では十分ではない子どもへの対応として参考になるのが，スウェーデンの柔軟な学習集団の構成である。スウェーデンは1980年に「学級」という概念を廃止し，活動単位（arbetsenhet）という概念を取り入れた。その結果，柔軟な学習集団によって学習が行われている。たとえば，100 人の子どもがいた際に，25人の子どもが 4 人の教員それぞれに指導を受ける均等な 4 集団を構成する場合もあれば，支援が必要な子どものための特別教員が 1 人つき学習集団を編成する場合もあり，学習集団の規模は 1 人から100人まで想定される。

　図12-4は100人の子どもを 4 人の教員集団で指導する場合の教員チームの考え方である。集団編成は学習成績（IQ）に従って均質にグループ化される場合もあるし（①），あえて多様な学習成績（IQ）の子どもによってグループを構成する異質グループ編成も可能である（②）。それを一つの教員チームと考えた場合に，学校規模で見れば，図12-5のように複数の教員チームが100人単位の子どもを指導する体制が構築できる。その上で，学校組織に対してインクルー

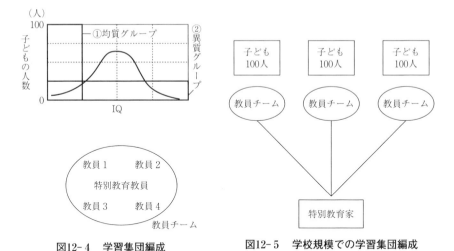

図12-4　学習集団編成
（出所）Rosenqvist（2018）

図12-5　学校規模での学習集団編成
（出所）Rosenqvist（2018）

シブ教育推進のための助言を行う特別教育家がスーパーバイズを行うのである。実際に授業においては，「5人」や「50人」などの集団が編成され，支援の程度も随時変更される。

　自閉症・情緒障害児の指導に関して他にも示唆的であるのは，スウェーデンの政策である。スウェーデンにおいては2009年にアスペルガー障害の子どもは通常学校で支援する方針が明示され（Skolverket, 2009），2011年の新学習指導要領においてもその方向性が確認された。スウェーデンでは，通常学級の隣の教室が知的障害特別学校であるような「場の統合」が推進されているため，特別学級がない。よって知的障害のない自閉症の子どもは通常学級で支援を受けることになる。通常学級内において受けられる支援は，第一に学級担任や教員資格のないアシスタント教員による学級全体支援の一部としての個別配慮，第二に専門家として直接指導を担う特別教員もしくは学校全体の指導体制を構築する特別教育家による介入・コンサルテーション，第三にアシスタント教員による個別の付加的支援，第四に子どものニーズに合った教材の提供，になる。通常学級外では，第一に期間を限定した個別の抽出指導，第二に同様の教育的

ニーズを有する子どもの短期間／長期間の小グループ指導の可能性がある
(Government Offices of Sweden Ministry of Education and Research, 2011)。特別学
級としての固定的集団編成を回避しつつ，柔軟な特別支援の形態を活用して，
多様な教育的ニーズに対応しており，通級のような集団編成が行われることも
ある（是永，2017）。

　また，近年スウェーデンでは知的障害児の「個の統合」も推奨している
(Skolverket, 2015)。知的障害児のインクルーシブ教育に関しては，学習の場と
カリキュラム／評価を含めた指導内容，指導方法を個のニーズに応じて，教科
単位で選択したり，組み合わせたりして，インクルーシブ教育を推進している
のである（是永他，2016）。

（3）多様な個を前提にした指導

　多様な個を前提に教育を行うのはデンマークである。デンマークでは地方分
権を推進していたが，2007年に県制度を廃止して以降，自治体の裁量の下，い
っそう地域の実情を踏まえた多様なインクルーシブ教育を推進している。その
過程で非常に能力の高い子への（ギフテッド）教育を推進する自治体や学校も
出てきている（松本・是永，2016）。

　加えて，情緒障害の子どもの指導に関しては，デンマークにおける社会・情
緒障害特別学校の取り組みが参考になるだろう（是永，2014）。第8章でも言及
したように，デンマークにおいては近年課題となっている社会・情緒障害のあ
る子どもの支援制度として社会・情緒障害児の特別学校が設置されている。地
域の実情に応じて，社会・情緒障害特別学校は，独立学校としての設置形態の
他，通常学校の分校，集中的支援を行うために期間限定の社会・情緒障害児の
インクルージョン推進プロジェクトとして開設されている。学習環境に関して
は，学習スペースとともにリラックススペースや台所が配置されていたり，学
習スペースも協同の活動の場と個別で集中する場が選択できるようになってい
たりするなど，設備の配慮がなされている。また，エネルギーやストレスを発
散したり，体験を通して学んだりするために，屋外のスペースが保障されてい

る学校もある。社会・情緒障害児への対応においては教育と福祉の連携による支援・介入が重要であり，通常学校と特別学校の協働による通常学校への再統合や社会におけるインクルージョンが課題である。

　またデンマークでは，学校教育領域における子どものメンタルケアの一環として，2005年からAKTと呼ばれる制度が導入され，社会・情緒障害児支援も含めて予防的な生徒指導が行われている（第8章参照）。各学校には教員資格のあるAKT教員（AKT lærer/pædagog）もしくは教員資格を問わないAKT指導員（AKT-Vejleder）を配置することとなっており，社会・情緒障害児への対応が必要な学校ではAKT指導員の雇用が進んでいる。AKT指導員になるためには3年の教育期間を要し，研修終了後に業務契約を結ぶのである（大平，2012）。

（4）通常学校におけるインクルージョン

　ノルウェーでは1992年に国立特別学校を廃止し，国立コンピテンスセンターや自治体立教育心理研究所の支援を受けつつ，通常学校で「適応教育」というインクルージョンを推進している。現状としては，通常学校で特別な支援を受ける子どもの割合は，男子は約11％，女子は約5.5％，全体では8％前後であり，学年が上がるにつれて特別教育を受ける子どもが増えていること，男子の比率が高いことが課題視されている（是永，2015）。

　そのためノルウェーにおいては第9章で示したように，「LPモデル」の研究を推進している。LPモデルでは，第一の状況分析と第二の対策検討・評価の段階に分かれる。第一段階の状況分析では学校・学級経営に関する具体的な課題を明確にし，ターゲットを設定し，情報収集，省察による分析をスーパーバイザーと学校組織全体で行う。具体的な分析は5〜6人の教員集団で行う。第二段階の対策検討・評価では，戦略策定と調整，計画実施（3〜6週間），評価，計画の修正を行う。組織全体で取り組むこと，教員がチームとしてかかわることから教員間の同僚性も育成される。実施においては教育心理研究所や国立特別教育サービスセンターがかかわる。LPモデルはデンマークでも積極的に取

り入れられている。

　また，アメリカで研究が進められている三層の行動支援枠組みを用いた積極的行動サポートのための全校体制（Schoolwide Positive Behavior Support：SWPBS）（Horner et al., 2010）を参考にして，ノルウェーにおいても積極的行動サポートのための全校体制PALS（Positiv atferd støttende læringsmiljø og samhandling）の研究が行われている。適切な行動の教示によってよりよい学習環境を構築するPALSモデルが（Sørlie & Ogden, 2015），国の研究センターを中心に開発されている（第9章参照）。

3　指導体制と指導方法の改善の具体的方法

（1）授業のユニバーサルデザイン

　現在，日本においては，すべての子どもがわかる，できる授業づくりのためのユニバーサルデザインが紹介されている。たとえばそれらは「特別な支援が必要な子を含めて，通常学級の全員の子が，楽しく学び合い『わかる・できる』ことを目指す授業デザイン」としての授業のユニバーサルデザイン（授業UD）を提唱する日本授業UD学会によって提唱されている（図12-6）。

　図12-6で，土台となっているのは子どもの「参加」である。授業は参加しないと始まらない。また，ただ参加するだけでなく，「理解」が重要である。さらに，理解したものが，確実に自分のものになるための「習得」「活用」の階層へと続く。図12-6の左側は，「授業でのバリアを生じさせる発達障害のある子の特徴」である。右側は，左側の特徴を授業内で補うための工夫である。これらの各工夫は下部に置かれたものであればあるほど上部の工夫を支える要素となる。

（2）集団への指導と個別の配慮

　ユニバーサルデザイン実践として，集団への指導と個別の配慮を念頭に，9か月間授業観察や実態把握，研究授業に向けての学習指導案の共同作成，教材

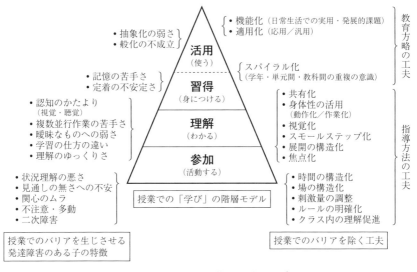

図12-6　授業の UD 化への階層モデル

（出所）小貫（2017：28）

研究などを通じて，授業改善を行う実践研究に着手した高知県のある小学校の実践研究もある（宮上・是永，2016）。ユニバーサルデザインにもとづいた授業づくりチェックリストやSDQ（子どもの強さと困難さアンケート）を用いて，教員や子どもの変容について考察した結果，単元テストの平均点も上昇したため，ユニバーサルデザインの授業が学力向上においてもある程度有効である可能性が示唆された。

　他にも集団指導では十分ではない子どもへの対応として，図12-7に示すような「多層指導モデル（MIM）」をもとにした「読みのアセスメント・指導パッケージ」でのアセスメント（以下，MIM-PM）を実施し，評価と振り返りを行う実践も全国で行われている（岡崎・是永他，2018；末延・是永他，2018）。

　たとえば高知県のある市では全小学校および中学校の１年生を対象にMIM-PMを用いた指導を実施することとした。図12-8は小学校におけるMIM-PMを受けた段階的支援の例である。

　小学校のある学級についてMIM-PMの結果を考察したところ，1stステー

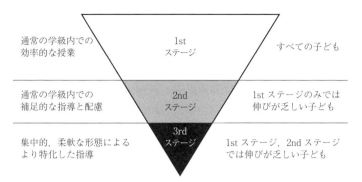

図12-7　通常の学級における多層指導モデル（MIM）の構造
（出所）海津・田沼・平木・伊藤・Vaughn（2008）

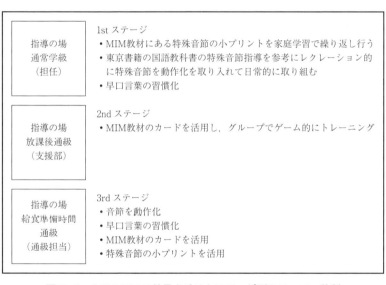

図12-8　MIM-PM の結果を受けたステージ別のフォロー体制
（出所）今久保・山﨑・是永（2017）を一部改変し筆者作成

ジ，2nd ステージ，3rd ステージの子どもが混在する学級集団であり，子ども
の実態はきわめて多様であることが可視化された。個々の子どもの多様性のみ
ならず，集団としての多様性を考慮して，想定される支援策をまずは日々の授
業を想定した一斉指導の場で試行することが必要である。その際に，もっとも

困難性を示す 3rd ステージの子どもの学習活動における参加の保障への配慮と，一方で，まったく課題の見られない1st ステージの子どもの力を引き出すための工夫も忘れてはならないことの重要性が指摘できよう（末延他，2018）。

　通常学級に戻すための早期支援の重要性としては通級における指導の実践が挙げられる。通級指導教室から通常学級への移行に関して，通級における指導では，学ぶ主体である子ども自身が自分の学び方を学ぶこと，安心感をもって学べることが重要である。同時に，通常学級での学びに困難を感じていた子どもが再び自分の教室で安心して学べる体制を整備することが求められる（今久保他，2017）。

（3）ユニバーサルデザインを意識した授業

　他にもアメリカのマサチューセッツの非営利団体 CAST（Center for Applied Special Technology）による「学びのユニバーサルデザイン（UDL）」として，「すべての人に等しく学習の機会を提供するカリキュラムを開発するための一連の原則」，「すべての人に効果的な教育の目標，方法，教材教具，評価を作るための青写真」が紹介されている。「それはある一つのものであったり，すべての人に一つのものを合わせるような解決方法だったりということではなく，一人一人のニーズに合わせて変更（カスタマイズ）や調整が可能な，柔軟なアプローチ」であるとされる（UDL 情報センター Web サイト）。

　そして，高知県教育委員会も『すべての子どもが「分かる」「できる」授業づくりガイドブック』を示し，図12-9 の五つの柱を用いてユニバーサルデザインの授業づくりを推進している（高知県教育委員会特別支援教育課，2013，2015）。

（4）知的障害児のインクルーシブ教育の実践

　日本における知的障害児のインクルーシブ教育の実践については，交流教育や技能教科における実践が主に行われてきた。障害のある子どもとない子どもができる限り同じ場でともに学んでいく技能教科外の「共同教育」の実践として，群馬大学教育学部附属特別支援学校と附属小学校の取り組みがある。附属

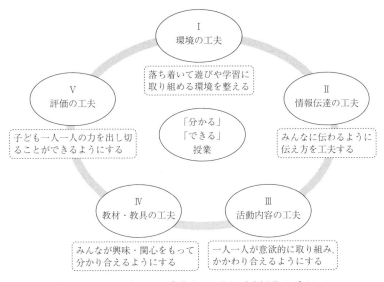

図12-9　ユニバーサルデザインにもとづく授業のポイント
（出所）高知県教育委員会特別支援教育課（2013）

　特別支援学校5・6年生それぞれ3名の計6名と，附属小学校5年A組34名が国語科において，附属特別支援学校の子どもの教育目標や内容の修正を伴いつつ交流および共同学習を行っている（三澤他，2018）。国立特別支援教育総合研究所も北欧の取り組みを参考にしつつ，知的障害児の交流および共同教育に関する研究を行っており（独立行政法人国立特別支援教育総合研究所，2018），知的障害児と通常児の交流および共同学習の実践が積み上げられていくことが，今後の日本におけるインクルーシブ教育の推進には大切であろう。

4　指導体制と指導方法の工夫のための挑戦

　本章では，インクルーシブな学校づくりのための指導体制と指導方法の工夫について概観した。
　日本の通常学級においても従来の集団指導にとどまらない子どもへの対応が

求められており，通常学級が子どもの多様性や差異性に対応できていないことが現在の特別支援教育対象児の増加に拍車をかけているのではないかと考える。学級を学習集団と捉えて，指導体制や指導方法の工夫によって，柔軟な学習集団を編成する可能性がスウェーデンの実践から示唆されよう。また，ノルウェーやフィンランドにおいては通常学級における学習環境の検討，行動への積極的な介入が行われていた。このようにインクルーシブ教育を推進するためには，通常学級における指導体制と指導方法の工夫がいっそう求められる。日本においてもユニバーサルデザインの授業や多層指導モデル（MIM）を用いた工夫が具体化されつつある。他にも，障害のある子どもが通常学級でより学びやすくするための早期支援として，通級における指導が活用されることも重要であろう。

　そして，情緒障害の子どもの指導に関しては，日本でも中学校情緒障害特別支援学級卒業後の進路が課題となっていることを鑑みると，デンマークのAKT指導員／教員のような専門性を有する教職員の育成や社会におけるインクルージョンを目指した特別な教育機関の設置も選択肢に挙がってくるのかもしれない。

　特別支援学級においても交流および共同学習の推進によって，障害の有無にかかわらず同じ場で学べる機会が保障されることが望ましいと考える。その際にはスウェーデンの「個の統合」の視点から，個別の教育目標の設定に伴う指導方法の工夫が必要になってくる。情緒障害児のみならず知的障害児も含めたいっそうの交流および共同学習が推進される指導体制の工夫を今後も考察したい。

　またすべての子どもが「わかる」「できる」ことを追求するのであれば，学力向上と特別支援教育やインクルーシブ教育は相補的に目指されるべきで，そのための実践的示唆が北欧において散見され，日本においても着手されつつある。

〈文　献〉

独立行政法人国立特別支援教育総合研究所　2018　共同研究 インクルーシブ教育場面における知的障害児の指導内容・方法の国際比較—フィンランド，スウェーデンと日本の比較から—（平成28年度〜平成29年度）研究成果報告書

今久保美佐・山﨑美知与・是永かな子　2017　通級指導を活用した小学校と中学校の連携による特別支援教育体制整備　高知大学学術研究報告，**66**，29-35.

高知県教育委員会特別支援教育課　2013　すべての子どもが「分かる」「できる」授業づくりガイドブック—ユニバーサルデザインに基づく，発達障害の子どもだけでなく，すべての子どもにもあると有効な支援—

海津亜希子・田沼実畝・平木こゆみ・伊藤由美・Vaughn, S.　2008　通常の学級における多層指導モデル（MIM）の効果—小学１年生に対する特殊音節表記の読み書きの指導を通じて—　教育心理学研究，**56**(4)，534-547.

是永かな子　2014　デンマークにおける社会・情緒困難児の支援—社会・情緒困難特別学校の実践を中心に—　高知大学教育実践研究，**28**，99-110.

是永かな子　2015　ノルウェーにおける多様なニーズのある子どもの学校支援体制　高知大学学術研究報告，**64**，43-50.

是永かな子　2017　スウェーデンにおける特別ニーズ教育の現状—インクルージョン推進の観点から—　LD研究，**26**(1)，100-104.

是永かな子・石田祥代・真城知己　2016　スウェーデンにおける知的障害児のインクルーシブ教育—指導内容・指導方法に注目して—　高知大学学術研究報告，**65**，31-42.

松本茉莉衣・是永かな子　2016　デンマークにおけるギフテッド教育- 学力と社会性に関する補完的指導に注目して—　発達障害研究，**38**(3)，302-313.

三澤哲彦・早川愛美・近藤智・木村素子・霜田浩信・河内昭浩・坂西秀昭・今井東　2018　知的障害のある子どもと障害のない子どもとの教科学習における交流及び共同学習の展開—特別支援学校小学部・小学校国語科における単元「きいてはなしてつたえよう」の実践から—　群馬大学教育実践研究，**35**，183-192.

宮上美智子・是永かな子　2016　小学校におけるユニバーサルデザインの授業実践—チェックリストとSDQおよびアンケートを用いた評価—　特別支援教育コーディネーター研究，**12**，19-27.

岡崎由佳・是永かな子・末延久美　2018　多層指導モデルMIMを用いた学力向上を

意図した特別支援教育の活用（第二報）―1回目と2回目の比較，学年間の比較，中学校1年の比較を中心に―　高知大学教育実践研究，**32**，243-258.

小貫悟　2017　〈主体的・対話的で深い学び〉に〈授業 UD 論〉を重ねてみる　授業のユニバーサルデザイン，**10**.

大平泰子　2012　デンマークにおける小学校のメンタルヘルスケア―ウアンホイ小学校視察報告―　富山国際大学子ども育成学部紀要，**3**，153-157.

志水宏吉（受託者および研究総括）国立大学法人大阪大学　2015　子どもたちの学力水準を下支えしている学校の特徴に関する調査研究　平成22年度文部科学省委託研究「学力調査を活用した専門的課題分析に関する調査研究」研究成果報告書

末延久美・是永かな子・岡崎由佳　2018　多層指導モデル MIM を用いた学力向上を意図した特別支援教育の活用（第一報）―小学1年生を中心に―　高知大学教育実践研究，**32**，233-242.

Government Offices of Sweden Ministry of Education and Research　2011　*OECD - Overcoming school failure. Country background report Sweden.*

Horner, R. H., Sugai, G., & Anderson, C. M.　2010　Examining the evidence base for school-wide positive behavior support. *Focus on Exceptional Children,* **42**(8), 1-16.

Nårhi, V., Kiiski, T., Peitso, S., & Savolainen, H.　2015　Reducing disruptive behaviors and improving learning climates with class-wide positive behavior support in middle schools. *European Journal of Special Needs Education,* **30**, 274-285.

Rosenqvist, J.　2018　Inclusive trends in the Nordic countries　2018年4月17日開催高知大学国際セミナー時提示資料

Saloviita, T., & Takala, M.　2010　Frequency of co-teaching in different teacher categories. *European Journal of Special Needs Education,* **25**(4), 389-396.

Skolverket　2009　*Skolan och Aspergers syndrome Erfarenheter från skolpersonal och forskare,* Rapport 334.

Skolverket　2015　*Integrerade elever.*

Sørlie, M. -A., & Ogden, T.　2015　School-wide positive behavior support-Norway: Impacts on problem behavior and classroom climate. *International Journal of School & Educational Psychology,* **3**, 202-217.

○ **Web サイト**

高知県教育委員会特別支援教育課　2015　すべての子どもが「分かる」「できる」授業づくりガイドブック─ユニバーサルデザインに基づく，発達障害の子どもだけでなく，すべての子どもにもあると有効な支援─実践事例集 Vol.1　http://www.pref.kochi.lg.jp/soshiki/311001/guide.html（2020年 5 月 5 日参照）

LP モデル・デンマーク　http://www.lp-modellen.dk/（2020年 5 月 5 日参照）

文部科学省　2004　小・中学校における LD（学習障害），ADHD（注意欠陥／多動性障害），高機能自閉症の児童生徒への教育支援体制の整備のためのガイドライン　Web サイト　www.mext.go.jp/a_menu/shotou/tokubetu/material/1298152.htm（2020年 5 月 5 日参照）

文部科学省　2019　日本の特別支援教育の状況について　令和元年 9 月25日「新しい時代の特別支援教育の在り方に関する有識者会議」p. 10.　https://www.mext.go.jp/kaigisiryo/2019/09/__icsFiles/afieldfile/2019/09/24/1421554_3_1.pdf（2020年 6 月20日参照）

文部科学省　2020　特別支援教育資料（令和元年度）第 2 部　調査編　https://www.mext.go.jp/a_menu/shotou/tokubetu/material/1406456_00008.htm（2020年11月 9 日参照）

内閣府　2020　令和 2 年版　障害者白書（全体版）　第 2 章　社会参加へ向けた自立の基盤づくり　第 1 節　1　https://www8.cao.go.jp/shougai/whitepaper/r02hakusho/zenbun/h2_02_01_01.html（2020年11月 9 日参照）

日本授業 UD 学会　www.udjapan.org/index.html.（2020年 5 月 5 日参照）

多層指導モデル MIM　Web サイト http://forum.nise.go.jp/mlm/（2020年 5 月 5 日参照）

UDL 情報センター　Web サイト www.andante-nishiogi.com/udl/（2018年 5 月20日参照）

第13章　校内における連携

是永かな子

── 本章のねらい ──

　本章では，まず校内連携に関する現状と課題として，校内支援体制の現状と課題について確認する。次に，校内連携に関する示唆として，北欧の校内連携について紹介する。北欧の校内連携をそのまま日本に持ち込む必要はないが，各学校で取り入れられることをシステム化する，会議や打ち合わせの持ち方を再検討するなど，校内がより有機的に無駄なく機能することを考える手立てとしてほしい。また，日本においても先駆的・試行的に連携を図っている学校があるので，校内連携推進の具体的方法の実践例を紹介したい。最後に，校内連携のための挑戦として今後を展望する。

1　校内連携に関する現状と課題

　文部科学省は2008（平成20）年から特別支援教育体制整備状況調査結果（図13-1）を示している。調査項目は，「a. 校内委員会の設置状況，開催回数」「b. 実態把握の実施状況」「c. 特別支援教育コーディネーターの指名，連絡調整等の実施状況」「d. 個別の指導計画の作成状況」「e. 個別の教育支援計画の作成状況」「f. 巡回相談員の活用状況」「g. 専門家チームの活用状況」「h. 特別支援教育に関する教員研修の受講状況」であり，それらの整備を進めることが，校内体制を整備することにつながると考えられる（文部科学省，2018）。

　整備状況の数値は年を経て一定向上したが，今後はその運用状況が課題とさ

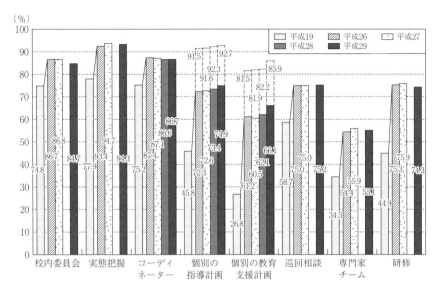

図13-1　平成29年度特別支援教育体制整備状況調査結果（幼保連携型認定こども園・幼稚園・小学校・中学校・高等学校計，調査結果年度別推移グラフ【国公私立計】項目別実施率（平成19～29年度））

（注1）点線箇所は，作成する必要のある該当者がいない学校数を調査対象校数から引いた場合の作成率を示す。
（注2）平成28年の調査項目は，コーディネーター，個別の指導計画，個別の教育支援計画のみ調査対象。
（出所）文部科学省（2018）

れる。共通した特別支援教育制度を整備する段階から，これからはいかに実質的な子どもの支援につなげるかを各学校の資源や現状にもとづいて具体化する段階にきている。そのためにも通常学級における特別支援教育が当然となる教職員の考え方の転換が重要であろう。

　これらのうち，「校内委員会」「特別支援教育コーディネーター」「個別の指導計画」「個別の教育支援計画」について見てみる。

（1）校内委員会

　まず校内委員会についてであるが，校内委員会，巡回相談，専門家チームの関係は図13-2のように示される。校内委員会とは，学校内に置かれた発達障

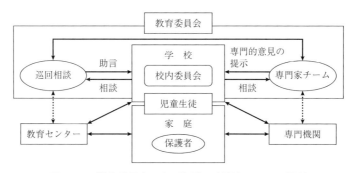

図13-2　校内委員会，巡回相談，専門家チームの関係

（出所）文部科学省（2008）

害を含む障害のある幼児児童生徒の実態把握および支援の在り方等について検討を行う委員会である（文部科学省，2008）。

「小・中学校における LD（学習障害），ADHD（注意欠陥／多動性障害），高機能自閉症の児童生徒への教育支援体制の整備のためのガイドライン」（以下，ガイドライン）（文部科学省，2008）では次のような校内委員会の役割が示されている。①学習面や行動面で特別な教育的支援が必要な児童生徒に早期に気付く。②特別な教育的支援が必要な児童生徒の実態把握を行い，学級担任の指導への支援方策を具体化する。③保護者や関係機関と連携して，特別な教育的支援を必要とする児童生徒に対する個別の教育支援計画を作成する。④校内関係者と連携して，特別な教育的支援を必要とする児童生徒に対する個別の指導計画を作成する。⑤特別な教育的支援が必要な児童生徒への指導とその保護者との連携について，全教職員の共通理解を図る。また，そのための校内研修を推進する。⑥専門家チームに判断を求めるかどうかを検討する。なお，LD，ADHD，高機能自閉症の判断を教員が行うものではないことに十分注意すること。⑦保護者相談の窓口となるとともに，理解推進の中心となる。

校内委員会に求められる内容は，すでにある校務分掌ともかかわってくる内容であるため，組織として校内委員会をどのように位置づけていくかは学校によって異なる。また，不登校やいじめなどの二次的な課題も含めて，どのよう

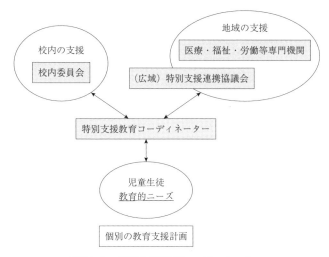

図13-3　特別支援教育コーディネーター
（出所）独立行政法人国立特別支援教育総合研究所（2010）

な内容を協議するために，どの程度の頻度で，どのようなメンバーで開催するのかも，各学校の裁量となる。

　また現状としては，校内委員会の開催頻度や専門家チームの専門性，チームとしての機能，巡回相談が有効に働いているかについては，自治体間や学校間でも差がある。各自治体や各学校の実態をふまえつつ，制度を少しでも有効に機能させることによって，特別なニーズのある子どもの支援が充実するであろう。

（2）特別支援教育コーディネーター

　次に，特別支援教育コーディネーターについて見てみる。図13-3に示されるように，特別支援教育コーディネーターとは，学校内の関係者や関係機関との連絡調整および保護者に対する学校の窓口として，校内における特別支援教育に関するコーディネーター的な役割を担う者である。ガイドラインでは，まず，校内における役割として，「①校内委員会のための情報の収集・準備」「②

担任への支援」「③校内研修の企画・運営」が挙げられ，次に地域の医療・福祉・労働等専門機関との連絡調整などの役割として，「①関係機関の情報収集・整理」「②専門機関等への相談をする際の情報収集と連絡調整」「③専門家チーム，巡回相談員との連携」が示される。また，保護者に対する相談窓口の役割も期待されている。

　そして，特別支援教育コーディネーターに求められる内容も多岐にわたっており，優先課題を見極めつつ対応していく必要がある。また課題としては，特別支援教育の経験がない教員が指名されたり，養護教諭や教務が兼任していたりすることも少なからずある。そのため，実践力を高める研修が重要であろう。そして特別支援学級担任が特別支援教育コーディネーターに指名される場合には特別支援教育は特別支援学級のみの課題と考えられ，学校全体に特別支援教育が広がりにくいということもある。各地域の教育センターや教育委員会，特別支援連携協議会は特別支援教育コーディネーターへのコンサルテーションとして機能していくことも求められるだろう。

（3）個別の指導計画・教育支援計画

　個別の指導計画と個別の教育支援計画について，文部科学省は次のように説明する（文部科学省，2015）。

　「個別の指導計画」は「指導を行うためのきめ細かい計画」であり，「幼児児童生徒一人一人の教育的ニーズに対応して，指導目標や指導内容・方法を盛り込んだ指導計画。例えば，単元や学期，学年等ごとに作成され，それに基づいた指導が行われる」とされている。

　「個別の教育支援計画」とは，「他機関との連携を図るための長期的な視点に立った計画」であり，「一人一人の障害のある子どもについて，乳幼児期から学校卒業後までの一貫した長期的な計画を学校が中心となって作成。作成に当たっては関係機関との連携が必要。また保護者の参画や意見等を聴くことなどが求められる」とされている。

　個別の指導計画の課題として考えられることは，まず計画作成について，特

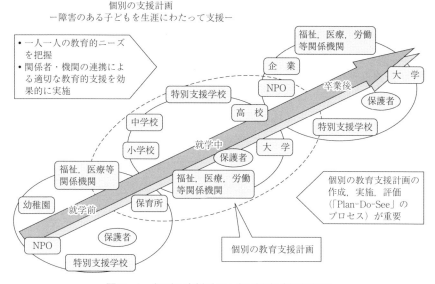

個別の支援計画
－障害のある子どもを生涯にわたって支援－

図13-4　個別の支援計画と個別の教育支援計画

（出所）独立行政法人国立特殊教育総合研究所（2006）

別支援学校においては全員に個別の計画が作成されるが，小学校等では「必要に応じて」であるため，とくに通常学級に在籍する子どもには計画が作成されにくい点が挙げられる。本人や保護者もしくは学校教職員等，誰の「必要に応じて」作成されるのかがあいまいになっているため，特別支援学級や通級を利用しない子どもには，通常学級の教員が個別の計画作成に慣れていないこともあって，計画が作成されにくい傾向がある。また，特別支援学校においては個別の計画は作成されても，教職員が意識していないと日々の授業との連動がおろそかになる点が危惧される。

　そして，図13-4に示されるように，外部の関係機関と連携した「個別の支援計画」により，障害のある子どもを生涯にわたって支援することが目指されている。

2　校内連携に関する示唆

（1）校内委員会

　日本の校内委員会は設置率も高く評価できるものであるが，上手く機能していない学校もある。一方北欧では，障害児の問題解決は校内委員会とするのではなく校内委員会を学校の多様な問題へのアプローチチームとして活用することで資源の活用を試みている。たとえば，フィンランドでは校内委員会に関しては，「子どもウェルビーイング（Oppilaan hyvinvointi）チーム」が設置され，定期的に協議を行うこととされている。同国では2014年改訂（2016年導入）の（学習指導要領にあたる）ナショナルカリキュラムの第5章で，学校は子どもの学びとウェルビーイングを推進する組織であるべきことが明記され，以来，多職種から構成される子どもウェルビーイングチームを義務教育学校に配置することが求められてきた。筆者が訪問した学校では，2週間に1回，子どもウェルビーイングチームによる協議が行われ，会議の議題は，「子どもの心身の安定」「学習保障」「良い学習環境」であり，主たる業務は「緊急問題の解決」「多面的な専門性による協議」「決議」「組織化」「予防的活動」であった（是永, 2015）。また，スウェーデンではいじめ対応計画の策定の下，義務教育学校と自治体立知的障害特別学校においていじめ対応チームが設けられてきた。現在は「子ども健康チーム（Elevhälsoteamet)」として校長をチームの長とし，学校内外の学習や健康にかかわる担当者も参加し，いじめ対応のみならず，学習にかかわる様々な困難に対して支援を具体化する役割を担っている。このように「障害」のみにとどまらず，子どもの課題について協議する組織が，北欧各国に見られる。

（2）特別支援教育コーディネーター

　日本の特別支援教育コーディネーターの指名率も高いが，その専門性向上が鍵になる。特別支援教育コーディネーターに関連して，スウェーデンでは特別

支援教育を担う特別教員（Speciallärare）のみならず特別教育家（Specialpedagog）の役割が期待される。特別教員は，主に直接子どもに指導する教員としての役割を担う。つまり，子どもの困難性の分析とともに指導法の具体化や環境整備など，子どもの学習に注目した指導・支援を行う。一方，特別教育家は，①学校長に対する子どもの学習環境整備の提言など学校組織への影響力をもつ助言者としての役割，②通常学級教員に対する子どもの支援方法の助言，巡回指導，保護者との相談などのコンサルタント，教職員へのスーパーバイザーとしての役割，③教育指導あるいは教育診断・評価など子どもに直接働きかける役割を担っている。すなわち，子ども個人レベルのみならず学校組織レベルへの指導・助言も行う。後者の特別教育家が特別教育に関する連携のコーディネーター役を担うのである。

（3）学校外連携体制

　日本において地方自治体レベルや県レベルの学校外連携体制があるが，日常的な教育相談機能の充実が求められる。デンマークとノルウェーでは，学校のみならず，自治体立教育心理研究所やコンピテンスセンターを中心に連携体制を構築する（石田・是永，2016）。ノルウェーでは特別学校の廃止に伴い，ナショナルカリキュラムについても通常教育と特別教育が一元化された。そのため通常カリキュラムが適応できない子どもは教育心理研究所の支援のもと個別計画で教育内容を具体化する。一方，スウェーデンにおいては県単位で，ハビリテーションセンター・補助器具センター（Hjälpmedelcenter）等の外部専門機関担当者と日頃から連絡を取り合い，子どもの支援体制を構築する。このように県や自治体単位で専門家との連携が日常的に行われ，教員は外部関係者のスーパーバイズのもと，日々の教育実践を行うことができる体制が整えられている。

（4）個別の計画

　日本では複数種類の個別の計画が整備され，学校間の引き継ぎも意識されつつあると言えよう。個別の計画については，スウェーデンでは2006/2007年度

から個別の計画を作成している。スウェーデンではすべての子どもを対象に個別発達計画（IUP）を作成することとなっており，その上で，よりニーズが高い子どもには，校長の責任の下で「対応プログラム」が作成されなければならない。このような計画作成を通して，関係者間で話し合う機会が必要となり，ネットワーキングにつながっている。他方で，フィンランドでは第6章で詳述したように，第一段階から第三段階へ強化支援・特別支援と段階が高まるにつれて，学習計画，個別教育計画の作成義務が強化される。

（5）学力向上と特別な支援

　日本において学力向上はつねに意識されており，近年はPISA調査のみならず全国学力テストによる県レベルでの格差が課題視されている。ところで，2000年以降実施されているPISA調査によって，好成績を示したフィンランドの教育が世界的に注目を浴びてきた。フィンランドでは約30％の子どもが特別ニーズ教育を受けており，学力世界一の背景に特別ニーズ教育の積極的活用があることが指摘されている。とくに，特別ニーズ教育対象児のうち22％は義務教育学校の通常学級におけるコティーチング（Co-teaching：第1章参照）の導入や短時間の抽出指導としてのパートタイム特別教育（第6章参照）を受けているのである。このように，柔軟な特別ニーズ教育と個別の計画作成の両立によりシステムを整備していることが理解できる。

3　日本における校内連携推進の具体的方法

　校内委員会や特別支援教育コーディネーターを中心とした，校内連携のための体制作りでは独自の工夫を行っている高知県のB小学校の事例が参考にできる（今久保・是永，2016）。
　図13-5にあるように，B小学校には特別支援学級が6学級と通級指導教室が設置されている。また，通常学級においても，個別の教育的ニーズを必要とする子どもが多数在籍している。このようなことから，特別支援教育の専門研

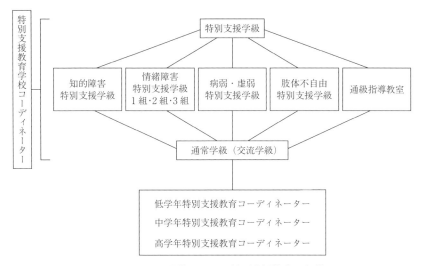

図13-5　B小学校における特別支援教育の組織

（出所）B小学校におけるインクルーシブ教育の概要（2018年4月20日訪問時にB小学校より提供していただいた提示資料）

修を受けた特別支援学級の担任と通常学級の担任が，定期的に開催される教職員によるケース会や保護者が参加する支援会を通じて連携を図ったり，交流・共同学習の際の打ち合わせを通じて指導・支援のスキルアップを図ったりしている。その際にも特別支援教育コーディネーターがキーパーソンとなる。各学年に複数の学級があるため，低学年，中学年，高学年各ブロックにコーディネーターを指名して，組織形成すること，教職員が子どものモデルとなること，ケース会や支援会を積極的に行うことを打ち出した。

　ケース会や支援会の持ち方については，表13-1の通りである。担任が抱え込まない体制整備として，学校内と学校外の「段階的支援」を提起している。

　次に，B小学校では「個別の支援計画の活用及び見直し」としては，「学期初めに支援計画について目を通し，今年度の記入については5月末までに記入すること，評価，振り返りは学期ごとに行うこと」を示している。また，スクールカウンセラーとの連携においても様式を決め，個人情報保護は考慮しつつもスクールカウンセラーと学校との連携が具体化されるように配慮する。そ

表13- 1　ケース会や支援会の持ち方

・特別支援教育年間計画に基づいて，計画的に見立てを行い，ケース会を開き，適切な手立てを行えるようにしていく（4月の担任及び外部講師によるスクリーニングをもとに随時ケース会を行う）。
・校内支援委員会については，昨年度より引き続いての児童は予定された日程に基づいて行う。
・手立ての糸口がつかめない場合は，巡回相談やスクールカウンセラーなどを活用して具体的な手立ての方策をさぐっていく。

（出所）今久保・是永（2016）

表13- 2　安心して学べる環境づくり（交流学級での学習）

・時間割りの変更や校外学習の計画は早めに知らせる（急な変更が苦手な子どもたちへの配慮）。
・次の日の交流学級での学習予定は，できるだけ午前中に知らせる（中学年以上の実践例では，次の日の連絡帳を記入することで，家庭からの連絡と次の日の連絡帳の記入について点検でき，帰りの会が落ち着いて行え，持ち物を持ち帰る際の忘れ物がなくなったという報告もあった）。
・交流学級での楽しい学習活動への参加は，子ども同士の理解を深めるよい機会である。交流学級・特別支援学級どちらの子どもにとっても学びが多くなる。
・学年及び交流学級のお便りも配布する。

（出所）今久保・是永（2016）

して，交流学級での学習に関しては，表13- 2のような協力を求める。

　このように，特別支援学級在籍の子どもが交流学級での活動で混乱しないように，また交流学級の一員であると感じられるような具体的な支援方法を依頼している。

　なお，Ｂ小学校のような仕組みの場合，教員は特別支援教育コーディネーターに指名される可能性が高いが，一個人に負担が偏在するのではなく，組織として特別支援教育に関するコーディネートの機能を有することが重要であろう。

　個別の指導計画に関しては，全員の子どもに個別の計画を作成するスウェーデンでの実践を参考にしつつ，個別の計画を用いた学び合う集団づくりの在り方について検討することを目的として，日本の小学校通常学級の5年生23名全員に個別の計画を作成する実践も行われた（樺山・是永，2012）。具体的には，第一に，一小学校の国語の授業観察を定期的に行い，学び合う集団づくりのための対話を活用した教育活動についてのチェックシート評価と，発話分析を行い，経過を検討した。第二に，スウェーデンの実践をもとに個別の計画書式を

開発するとともに，一小学校の一学級において，すべての子どもに個別の計画を作成・活用した。そして，第三に，通常学級においての個別計画と学び合う集団づくりを意識した実践をインクルーシブ教育の観点から検討したのである。結果として，すべての子どもを対象にして個別の計画を作成したことで，「通常学級の子ども」も多様な教育的ニーズがあることが顕在化した。その上でそれぞれの長所に注目しつつ，子どもをつなげて学び合う集団を形成することができ，ひいては，多様な集団の形成，子ども同士のつながりをつくることができるという成果が示された。また個々の子どもが個別の計画を自分の成長の記録としてもつことができることも重要であった。

4　校内連携のための挑戦

　日本における校内連携については，調査結果に示される実施率の向上からある程度整備されているように見られる。ただし，今後はその実施内容が問われるであろう。

　たとえば，校内委員会については，二次障害を含めた子どもの多様な課題についての一元化された窓口であることと，専門性のある担当者への引継ぎや役割分担を判断する機能が必要になると考えられる。特別支援教育コーディネーターとともに，学校連携体制を整備しつつ，学校内外の関係者・関係機関との連携・調整の役割がいっそう求められる。その際にはすべての子どもを対象にした支援であるのか，特定の「気になる」子どもを対象とした支援であるのか，通級や特別支援学級そして特別支援学校の対象となる子どもの支援であるのかという「段階的支援」の視点が必要になると考える。

　個別の計画は，従来の特別の場で教育を受ける子どものために作成される割合は向上しているが，通常の学級においては「必要に応じて」作成されるため，たとえば発達障害の診断があっても計画は作成されてない子どもも存在する。個別の計画を作成する必要性を誰がどの時点で判断するのか，誰が作成に責任をもち，同時に作成者を専門的に支援する体制が構築できるのか，指導計画と

日々の実践をいかに連動させるのか，そして合理的配慮の視点も考慮しつつ，切れ目のない一貫した支援として引き継いでいくのかなどが，今後の挑戦するべき課題として指摘できよう。

〈文　献〉

今久保美佐・是永かな子　2016　通級指導と特別支援教育コーディネーターを活用した小学校における特別支援教育体制整備　高知大学教育実践研究，**30**，81-95.

石田祥代・是永かな子　2016　心理的・福祉的諸問題に注目した義務教育諸学校における子ども支援に関する研究─デンマーク・ノルウェー・スウェーデン・フィンランドにおける支援システムモデルの特徴と課題から─　北ヨーロッパ研究，**13**，9-19.

石田祥代・是永かな子・眞城知巳　2017　北欧における学齢児支援システムの特徴と課題　東京成徳大学研究紀要，**25**，125-136.

樺山明日美・是永かな子　2012　通常学級における個別の計画を利用した学び合う集団づくり　高知大学教育実践研究，**26**，43-52.

是永かな子　2015　フィンランドにおけるインクルーシブ教育の特徴と実際　高知大学教育実践研究，**29**，35-49.

○ **Web サイト**

独立行政法人国立特別支援教育総合研究所　2010　特別支援教育コーディネーターに関する実際的研究　http://icedd.nise.go.jp/index.php?page_id=77 （2018年5月16日参照）

独立行政法人国立特殊教育総合研究所　2006　「個別の教育支援計画」の策定に関する実際的研究　https://www.nise.go.jp/kenshuka/josa/kankobutsu/pub_c/c-61/c-61_02.pdf （2018年5月16日参照）

文部科学省　2008　小・中学校におけるLD（学習障害），ADHD（注意欠陥／多動性障害），高機能自閉症の児童生徒への教育支援体制の整備のためのガイドライン　特別支援教育について　http://www.mext.go.jp/a_menu/shotou/tokubetu/material/1298163.htm （2018年5月16日参照）

文部科学省　2015　「個別の指導計画」と「個別の教育支援計画」について　http://www.mext.go.jp/b_menu/shingi/chukyo/chukyo3/032/siryo/06090604/003.htm （2020年5月5日参照）

文部科学省　2018　平成29年度特別支援教育体制整備状況調査結果について　www.
　　mext.go.jp/a_menu/shotou/tokubetu/__icsFiles/afieldfile/2018/03/29/1402845_
　　02.pdf（2018年 5 月16日参照）

第14章 関係諸機関との連携

石 田 祥 代

本章のねらい

　これまで見てきたように，子どものニーズは多様である。にもかかわらず，学校の限られた予算や設備・備品，教職員で，それらのニーズを汲み取っていかなくてはならない。インクルーシブ教育を教育目標に掲げているいずれの国においても，限定された教育資源で効率的かつ効果的に支援できる体制をいかに整え，学校マネジメント力を底上げするのかは大きな関心事であり，それぞれの国で試行しているところである。

　本章では，インクルーシブな学校づくりの視点から関係諸機関との連携の意義についてあらためて検討を行う。支援を行う時期と支援の内容から学校教育に関係する諸機関について分類・整理し，学校がどのような情報を利用し，どのように連携すべきかを分析したい。また，ネットワーキングのための手掛かりを提示することで，読者に地域・学校の特徴を反映した連携を意識してもらいたい。

1　関係諸機関との連携に関する現状と課題

(1) 学校が直面する問題

　各々の教職員が専門性を高めることをつねに大切にし，省察を繰り返しながら子どもとともに成長していくことは重要である。

　近年の日本では，学校内で，特定の教職員が孤立することなく子どもの支援に臨めるよう，校内教職員の有機的な連携の強化が進められている。同時に，学校現場における業務の適正化と教職員のワーク・ライフ・バランスを保つこ

とは，喫緊の課題となっている。各学校が，子ども一人ひとりを尊重した教育を行えるような雰囲気を醸成し，誰がどのような手段や手法で，個もしくは集団・学級に対し，どのように支援するのかをスムーズに決定できる体制を整えていくことは，インクルーシブな学校づくりの基本となる。そのために，校内連携の整備と同時に行わなければならないのが，外部資源の活用，専門機関の関係者ならびに地域・家庭を取り込んだネットワークの構築である。本書の第Ⅱ部で紹介された北欧4か国の実践からもわかるように，教員一人の力量で子ども一人ひとりのニーズを満たすことには限界がある。学校独自の支援や指導の方法を作り上げることも重要であるが，自治体の教育委員会や先行研究，関係する専門機関が提供するガイドラインやマニュアル，書式を積極的に利用することによって，効率的な授業づくりや学校・学級経営，生徒指導および家庭教育を行えることもある。

　現職教員が外部諸機関の情報を適宜利用すること，学校の枠組みだけでは解決しづらい課題や問題については校内スーパービジョン体制を設けるのみならず，外部専門機関・専門職のコンサルテーション機能を校内に導入することが必要である。まずは，障害児・者関係の相談所，大学（心理教育相談センターや教員）や病院（相談センターや医療ソーシャルワーカー），福祉事務所，社会福祉協議会等の専門職員に相談の電子メールや電話をしてみることも一つの方法である。相談できる機関については第2節であらためて述べたい。

（2）関係諸機関への相談からチームとしての学校づくりへ

　1995（平成7）年に文部大臣から「21世紀を展望した我が国の教育の在り方について」で出された諮問の答申では，家庭や地域社会の教育力の低下が指摘される中，子どもたちの健やかな成長のためには，家庭や地域での教育の充実を図り，社会の幅広い教育機能を活性化していくことが喫緊の課題であると提言された（文部科学省中央教育審議会，1996，1997）。この提言を踏まえ，学校と関係諸機関や地域，家庭との連携については，文部科学省や国立教育研究機関においても再三提言され，地域学校協働活動などを通して学校現場で実践も行

表14-1　学校と関係諸機関の連携についてまとめた報告書とその概要

報告書	概　要
文部科学省　児童生徒の問題行動等に関する調査研究協力者会議　1998　学校の「抱え込み」から開かれた「連携」へ―問題行動への新たな対応―	子どもの問題行動への対応にあたって，学校は学校内ですべての問題を解決しようとする「抱え込み」意識を捨て，状況に応じ，関係機関に相談したり主たる対応を関係機関に委ねたりすることが必要であることが提言されている。
文部科学省　少年の問題行動等に関する調査研究協力者会議　2001　心と行動のネットワーク―心のサインを見逃すな，「情報連携」から「行動連携」へ―	子どもの問題行動への対応にあたっては「心」のサインを逃さず，問題行動の前兆を把握すること，そのためには学校と関係機関との間でたんなる情報の交換だけではなく相互に連携して一体的な対応を行うことが重要であるとし，そのためのシステムづくりなどが具体的に提言されている。
国立教育政策研究所生徒指導研究センター　2002　問題行動等への地域における支援システムについて	深刻な問題行動等を起こしている個々の子どもに対し，その解決に向けて，関係機関等がサポートチームを編成し，機動的・実用的に対応していくことが求められており，構造的なネットワークをいかに構築するかという観点から，支援システムのあり方に関する検討が行われている。
文部科学省　学校と関係機関との行動連携に関する研究会　2004　学校と関係機関等との行動連携を一層推進するために	子どもの問題行動等が深刻化する前に効果的に対応するため，問題行動等の初期段階から状況を把握し，関係機関のみならず地域の身近な人材を活用し情報交換や検討を行うことが有効であることから，日常的な連携の推進，サポートチームによる連携，教職員の意識の向上に関する検討が行われている。
文部科学省　初等中等教育局教育課程課　2010　学校・家庭・地域が力をあわせ，社会全体で，子どもたちの「生きる力」をはぐくむために―新学習指導要領スタート―	子どもの「生きる力」をはぐくむためには，社会全体で取り組むことが不可欠であり，学校は教育活動の目標や現状等について積極的に情報提供するとともに，家庭や地域の連携・協力を求めていくことが必要である。そのため，家庭や地域における取り組み例が紹介されている。
国立教育政策研究所生徒指導研究センター　2011　学校と関係機関等との連携―学校を支える日々の連携―	子どもの問題行動等への対応や健全育成を図るための地域におけるネットワークづくりの推進等を目的として実施してきた「生徒指導総合連携推進事業」を通じた，教育委員会と学校の意見を反映し，事例および関係機関等の情報を提供している。
文部科学省　中央教育審議会　2015　チームとしての学校の在り方と今後の改善方策について（答申）	学校において子どもが成長していく上で，教員に加えて，多様な価値観や経験を持った大人と接したり，議論したりすることで，より厚みのある経験を積むことにつながるため，本当の意味での「生きる力」を定着させることにつながるため，「チームとしての学校」が求められているとし，具体的な改善方策を提示している。
文部科学省　中央教育審議会　2015　新しい時代の教育や地方創生の実現に向けた学校と地域の連携・協働の在り方と今後の推進方策について（答申）	地域の教育力の低下や，家庭教育の充実の必要性に加え，社会に開かれた教育課程を柱とする学習指導要領の改訂から，地域とともにある学校への転換，子どもも大人も学び合い育ち合う教育体制の構築，学校を核とした地域づくりの推進を目指し，これからのコミュニティ・スクール，地域における学校との協働体制，それらの一体的・効果的な推進の在り方が検討されている。
文部科学省　生涯学習政策局初等中等教育局　2016　地域と学校の連携・協働の推進に向けた参考事例集	各地域において「地域学校協働活動」やコミュニティ・スクール（学校運営協議会制度）の推進に向けた取り組みを促進することを目的に，地域と学校の連携・協働の推進に向けた先進事例を紹介している。

（出所）筆者作成

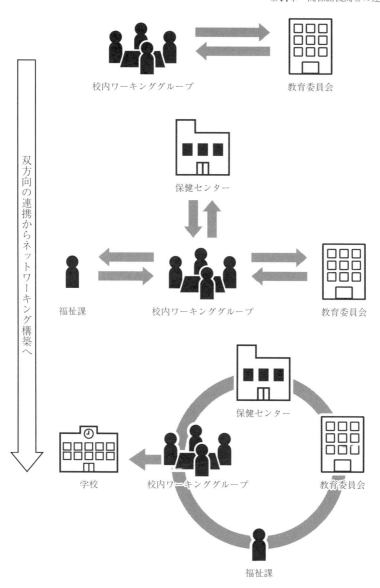

図14- 1　関係諸機関の連携

（出所）筆者作成

われてきているところである。そして，表14-1のように，連携のあり方に関する学校の基本的な姿勢についての提言の内容は，関係諸機関への相談や委嘱のようにどちらかと言えば消極的なネットワーキングから，家庭・地域との相互連携のように積極的なネットワーキングへと変化してきた（図14-1）。

　2015（平成27）年には「チームとしての学校の在り方と今後の改善方策について（答申）」（文部科学省中央教育審議会，2015）が示されており，同答申においては，社会や経済の変化に伴い，生徒指導や特別支援教育等にかかわる課題が複雑化・多様化していることから，学校や教員だけが抱えて対応するのでは十分に解決することができない課題が増えているとされ，子どもの貧困問題が例示されている。その上で，チームとしての学校と家庭・地域・関係機関との連携の重要性が提起され，そのための課題として，「専門性に基づくチーム体制の構築」「学校のマネジメント機能の強化」「教職員一人ひとりが力を発揮できる環境の整備」が挙げられている。

2　日本における学校教育に関係する機関と専門職

（1）学校の連携先とは

　文部科学省中央教育審議会（2015）は，第1節でも触れた「チームとしての学校の在り方と今後の改善方策について（答申）」で，表14-2のような連携機関を挙げ，その役割や連携の在り方を提言している。

　これらのうち教育委員会は，1948（昭和23）年の制度創設以来，地域の意向を反映した主体的な教育行政の推進を目指し，重要事項や基本方針を決定してきた。今世紀に入って以降は，教育分野においても地方分権化が進められ，地域の特性および民意を反映した教育の展開が試行されており，近年では，2013（平成25）年の教育再生実行会議による第二次提言により，図14-2のような新たな教育委員会の仕組みがつくられた。新たな仕組みでは，「教育委員長と教育長の一本化」「いじめなどの問題に対しての迅速な危機管理体制の構築」「教育長へのチェック機能の強化と会議の透明性」の他，首長が教育行政に果たす

表14-2　チームとしての学校と関係機関

組　織	役割・連携方法
教育委員会	人材育成や業務改善等の取り組みを進める。 学校教育に参画する専門スタッフに対しても，事前の研修等も含め，しっかりと支援を行う。 管理職の養成，選考・登用，研修とそれぞれの段階を通じて一貫した施策を講じる。 校長が権限を適切に行使し，その責任を果たすことができるよう，校長の学校経営を支援する。 教職員が安心して教育活動に取り組むことができるよう，学校事故や訴訟への対応について，教職員を支援する体制を強化する。
大学・教職大学院	教育委員会と連携し，教員育成協議会の仕組み，教員育成指標の活用について検討する。
地域で活動している団体	青少年団体，スポーツ団体，経済団体，福祉団体等は，学校・教育委員会と連携し，子どもの様々な活動を充実させる。
PTA	保護者の経験等をいかした様々な協力を得ながら，学校・家庭・地域の連携・協働により子どもの生きる力を育む。
警　察	学校警察連携協議会や非行防止教室等を開催する。 警察OB・OG人材の活用を通じ，警察署や少年サポートセンター等と学校間で日常から信頼感を培う。
児童相談所	教員の研修に児童相談所の職員を招く等の取り組みを進めるなど，日常的に信頼感を醸成する。
弁護士会	学校における法律問題への対処を行う。

（出所）文部科学省中央教育審議会（2015）を基に筆者作成

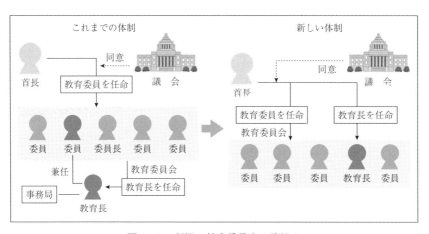

図14-2　新旧の教育委員会の仕組み

（出所）タウンニュース多摩版（2015）

責任や役割を明確にし，首長と教育委員会が教育政策の方向性を共有，一致して施行にあたることになった（タウンニュース多摩版，2015）。

　校長と教頭・副校長は教育行政機関と密に連携を取り，滞りなく校務をつかさどることはもとより，地域の特性と学校の教育目標を反映した学校づくりを目指したい。各地の教育行政機関では，自治体が目指す教育振興基本計画を策定し，評価しながら計画を適宜修正している。学校教育関係者は，学校の教育目標のみならず，自治体が目指す教育の姿を確認してほしい。

　近年，都道府県の教育委員会と教育センターはホームページのますますの充実を図り，自治体や学校が行ってきた研究成果を報告したり，教職員および保護者向けにたとえば障害の理解を求めるようなガイドラインやマニュアルを作成し，冊子としてまとめたりホームページ上で閲覧できるようにしたりしている。また，インターネットを活用することで，個別の指導計画と個別の教育支援計画の書式や特別支援教育教材を簡単に利用できるように体制を整えている。教材を最初から最後まで手作りしたり，学校独自の書式づくりに時間をかけたりすることは，教育内容や教育方法を模索する上で重要であるが，同時に，自治体がすでに検討を重ねて公表しているこれらの情報や書式も必要に応じて活用したい。このことは，教職員一人ひとりの時間的負担を減らすことにもつながると考えられる。

　一方で，よく教職員から「うちの市の書式は細かすぎて大変である」や「新年度になったばかりで子どもについても親についてもよくわからないまま計画を立てなければならないため簡易な書式に変えてほしい」といった声を聞く。教育委員会では気づいていないことも多く，このような意見を教育委員会に示すことを通して多くの教育現場で活用しやすい書式が整備されることもある。学校を通して意見を具申していくことも改善にとっては重要である。

　市町村教育委員会では，教育事業の実施や施設等機関の設置・運営に加え，教育的ニーズに応じて一人ひとりの子どもが適切な教育を受けることができる仕組みづくりを推進しているところである。学校は市町村の教育相談・支援を利用しながら，子どもの就学先決定や就学援助に対し，丁寧に向き合っていく

必要があろう。また，特別支援学級や通級指導教室の運営と設置，各種学校ボランティアの利用や開拓についても学校の現状および学校側の意見を積極的に伝えてほしい。

（2）関係諸機関との連携の手掛かり

　表14-3には，表14-2に挙げた機関以外で学校と情報交換が必要である，あるいは，コンサルテーション機能を有する機関・専門職を示した。

　就学相談・就学先決定の在り方について，市町村教育委員会は，地域内の学校と幼稚園，保育所等との連携を図るとともに，医療や福祉等の関係部局と十分に連携し，たとえば乳幼児健診の結果を共有するなど，必要な教育相談・支援体制を構築することが必要である（文部科学省，2012）。また，近隣の特別支援学校，都道府県の特別支援教育センターなどの資源の活用を十分に図り，相談・支援体制の充実に努めることが大切である（文部科学省，2012）。さらに，教育委員会と財政や福祉を担当する部局とが連携して子どもの発達支援が行われることで，支援の担い手を多層的にするとともに，連携のキーパーソンとなる複数の職員を配置するなど，教育と福祉が互いに顔の見える連携を実現し，担当者同士の信頼関係を構築することが重要であり，早期からの教育相談・支援の体制整備が求められてきている（文部科学省，2012）。

　ところで，就学時健診については，受付日程と場所のみを家庭宛に通知する市町村・学校も少なくない。慣れない場所や見知らぬ人にすぐに馴染めない幼児も多く，当日適切な測定ができなかったという指摘や，緊張が高まり問題行動につながったというケースも多い。幼児と保護者の心構えのために，健診内容と進め方，当日の健診以外の活動内容，終了予定時刻等を家庭へ早めに通知しておくとよいであろう。就学時健診は入学予定の幼児と保護者が学校へ足を運ぶ貴重な機会である。この機会を利用し，就学に不安を抱える保護者が相談できるよう，たとえば全保護者対象の面談や事前申込制の個別面談の準備も考えられる。教育行政機関は，福祉事務所や域内保育所および子育て支援センターと連絡・調整し，健診日当日のきょうだいの一時保育についても検討すべ

表14-3　コンサルテーション機能を有する機関・専門職

機　関	役　割	連携の手掛かり
幼稚園・保育所 認定子ども園 児童発達支援センター	幼児期から小学校入学への移行支援	移行支援シートについて不明な点は直接問い合わせる。就学予定の幼児が多い場合は，当該園・所と学校で情報交換し，幼児の就学体験を持つ。
放課後児童クラブ 放課後子供教室 放課後等デイサービス事業所	放課後・長期休業中に遊び・生活の場を提供	児童の生活に関して情報交換し，とくに配慮・支援が必要な児童に関しては情報を共有する。 家庭を含め密に連携し，家庭養育をバックアップするとともに児童の情緒の安定を図る。
入所型児童福祉施設 里　親	家庭の代替として社会的養護を提供	児童の生活に関して情報交換し，とくに配慮・支援が必要な児童に関しては情報を共有する。
市町村福祉事務所 ひとり親（母子家庭等就業・自立）支援センター	児童・家庭への福祉サービス	就学援助，障害児福祉手当，医療費助成等の子どもへの直接的サービスに加え，子どもの家庭への支援が必要な場合に，当該家庭を担当課につなぐ。
社会福祉協議会 （民生・児童委員）	児童・家庭への相談，援助，地域福祉の推進	ファミリーサポート，有償家事援助サービス等子どもの家庭への支援，ボランティア，福祉教育の相談等をする。
病　院	心身の治療・退院に向けた相談支援	院内総合相談センターの医療ソーシャルワーカー（MSW）から助言を得て，当該児が学校生活を健康に送ることができるようにする。
保健センター 精神保健福祉センター	心身の健康に関する相談サービス	健康，健診，不登校・ひきこもり，精神的不安定，LGBT等の子どもに関する相談に加え，子どもの保護者への支援が必要な場合に，当該保護者をセンターにつなぐ。
特別支援教育センター 発達障害者支援センター 特別支援学校	特別支援教育に関する相談サービス	交流・共同学習を積極的に行う。 子どもの発達・障害等に関する相談，学校での支援の在り方への助言，学校での研修会の実施等の助言を受ける。
公共職業安定所 障害者就業・生活支援センター 障害福祉サービス事業所	学校から就労への移行支援	個別の指導計画を利用するなどし，卒業を視野に移行支援を行う。 在学中に特別な支援を受けていた生徒については密に情報交換し，卒業後の生活へスムーズに移行できるよう計画し，移行支援を実施する。

（出所）筆者作成

きであろう。

　学校が，校外の機関および専門家とネットワークを構築するにあたり，調整役の教職員（以下，コーディネーターと呼称する）がいることが望ましい。小規模の学校であれば，教頭等がコーディネーターを担い外部との連絡を一手に引き

受けるという方法でもよい。一方で，大・中規模の学校では，複数のコーディ
ネーターを配置する方法がある。たとえば，病院や保健センター，発達障害者
支援センター等医療保健関係機関とは養護教諭が，心理カウンセラー，精神科
クリニック，LGBTや不登校関連の相談機関とはスクールカウンセラーが，特
別支援教育センターや放課後等デイサービス事業所とは特別支援教育コーディ
ネーターが，福祉事務所や民生・児童委員とはスクールソーシャルワーカーが，
というようにである。スクールソーシャルワーカーが不在の学校は，民生委員
経験者等を地域連携コーディネーターとして配置する等，現行制度を利用する
こともできるだろう。

　学校の定期的な職員会議では，審議し承認しなければならない案件が多いた
め，関係機関との連携についてのすべての情報を教職員全員で共有することは
できない。そのため，外部機関コーディネーターと学校間での情報共有は3か
月に1度程度定期的な会議を持つ，収集した情報および支援の経過を集めた共
有ファイルを利用する，空き時間に15分程度の情報交換を行う，などのように
学校の規模や仕事量等で調整していくべきであろう。

3　連携の工夫のための挑戦

　筆者たちは，これまで子どもを包括的に支援するためのシステムの構築に関
する検討を行ってきた。一連の研究においては，日本と同様にインクルーシブ
教育を展望しつつも，教育予算の削減で従来よりも無駄を省き有機的に作用す
るシステムづくりを目指してきた北欧におけるシステムを分析し，三つの学齢
児支援モデルに分類した。それらのモデルが図14-3～図14-5である。

　福祉ネットワークが構築され，福祉および医療，心理の支援が比較的スムー
スに行える地域では，学校は子どもへの支援，行政が家庭への支援と，支援を
分担する役割分担型モデルが機能しやすい。高齢者が比較的多い地域や古くか
ら障害者支援に取り組んできた地域などがこれに当たる（図14-3）。一方，広
域的な社会資源が近隣にある県庁所在地などの指定都市や大都市では，ケース

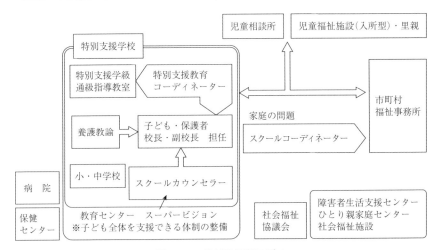

図14-3　役割分担型モデル

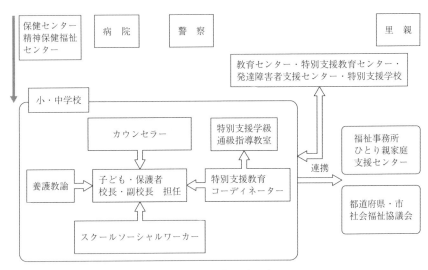

図14-4　資源連携型モデル

に応じてそのときに必要な社会資源を利用する資源連携型モデルが運用しやすいであろう（図14-4）。また，私立学校や小規模の学校が多く比較的人口の少ない地域，社会資源へのアクセスが難しい地域では，教科や学校活動に応じて

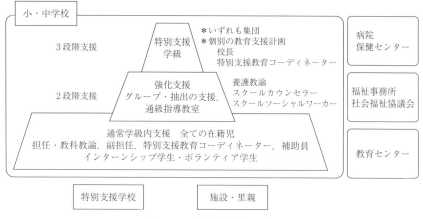

図14-5　学校中心型モデル

校内にグループや支援体制を柔軟に設けることができる学校中心型モデルがよいであろう（図14-5）。

　インクルーシブな学校づくりの観点から言えば，型を決めてその枠組の中に入れ込むのではなく，子どもや教職員，学校設備・備品や地域にある資源に応じて柔軟に体制を整える力量が学校および学校教育にかかわる機関・教職員に求められている。学校それぞれが地域の資源と適切な関係性を保ちつつ，専門性を有機的に活用しながら子ども一人ひとりに対して向き合っていく必要がある。

〈文　献〉
　文部科学省　2012　特別支援教育の在り方に関する特別委員会報告　初等中等教育分
　　科会（第80回）配布資料　資料 1
　文部科学省　2013　教育委員会制度等の在り方について（第二次提言）
　文部科学省中央教育審議会　1996　21世紀を展望した我が国の教育の在り方について
　　（第一次答申）
　文部科学省中央教育審議会　1997　21世紀を展望した我が国の教育の在り方について
　　（第二次答申）

文部科学省中央教育審議会　2015　チームとしての学校の在り方と今後の改善方策について（答申）　中教審第185号

文部科学省生涯学習政策局・初等中等教育局　2016　地域と学校の連携・協働の推進に向けた参考事例集

タウンニュース多摩版　2015　10月22日号　https://www.townnews.co.jp/0306/2015/10/22/304735.html（2020年5月31日参照）

第15章 子どもの教育と支援に携わる
スペシャリストとして

眞城知己

本章のねらい

　本書を通じて，教育におけるインクルージョンの様相は，北欧諸国間においても多様に相違があることが理解できたのではないだろうか。そして，それぞれの国で展開される教育制度の表面的な形態や一部の実践を見て，どこが優れており，どこが課題なのかという論評をしてもあまり意味がないことがうかがい知れたのではないかと思う。

　日本の特別支援教育制度は，様々な新しい課題に直面しながらも，通常学校，それも通常学級における障害のある児童生徒に対する教育がインクルージョンの言葉とともに大きく拡大してきた。そして，これに伴って教員に求められる「専門性」も質・量ともに急速に拡大してきた。その場が通常学校の通常学級であったり，通級指導教室や特別支援学級，そして特別支援学校などの違いはあるものの何らかの特別な指導や支援を受けるようになった児童生徒の数は，21世紀になって相当な勢いで増加してきた。文部科学省では，従来のように特別支援学校に勤める教員だけでなく，特別支援学級の担任の特別支援学校教員免許状の保有をより促すようになったし，教員採用試験を行う都道府県の教育委員会も，特別支援学校教員だけでなく通常学校の教員に対して特別支援学校教員免許状の保有を積極的に求めるようになっている。小学校や中学校の教員を目指す大学生や高校生からの「小学校や中学校の教員になりたい場合でも特別支援学校教員免許状を保有していた方がよいだろうか」という質問は，いまや大学の教員養成系学部で開催するオープンキャンパスでは定番の質問ともなっている。

　さて，こうした状況の中で教育や支援のスペシャリストとして，何を意識し，理解しておけばよいのだろうか。最終章ではこの点について考えてみたい。

1　インクルーシブ教育において教員に求められる視点の置き方

（1）インクルーシブな学校体制の基本

　都道府県の教育委員会が現職教員向けに開催している研修の講座内容を俯瞰してみると，その内容は発達障害児の障害特性やそれをふまえた支援・指導に関するものが圧倒的に多い。とりわけ，行動面や対人関係面での支援・指導にかかわる内容は，どの自治体でも力を入れているようである。ソーシャル・スキル・トレーニング（SST）などは，まるで流行語のように講座の案内資料に登場してくる。また，とくに国語・算数を中心にした教科学習における具体的支援について取り上げたもの，さらに最近では合理的配慮の内容や取り扱いについてのものも見られるようになった。各校の特別支援教育コーディネーター向けには，知能検査や発達検査などの諸検査にかかわる内容や関連するアセスメント，校内委員会の運営に関する内容なども多くの自治体で用意されている。

　繰り返し述べてきたように，教育におけるインクルージョンは，障害をはじめとした何らかの特別な対応を必要としている子どもを他の多数の子どもの中に「受け入れる」ことを軸とした考え方ではない。様々な原因によって生じている子どもの教育的ニーズの多様性を包含するために，学習環境を継続的に改善するための考え方である。そして，そのプロセスにおいて多様な属性が混在する集団（学級・学校）の形が現れてくるのである。

　そのため具体的な方法には子どもと学習環境との双方の関係性に注目することが必然的に要素として求められることになる。イギリスにおいて1970年代初頭に登場し，後にいわゆるウォーノック報告（1978年：障害児者教育調査委員会報告書）やその勧告を受けて1981年教育法によって制度化された「特別な教育的ニーズ」の用語とその考え方がインクルーシブ教育の文脈において用いられるのにはこうした背景があるのである。

　このようにインクルーシブ教育の本質が学校改善を軸に据えていることを念

頭に置いた上で，今日の日本の特別支援教育制度のもとで進められるインクルーシブ教育に目を向けてみると，先に述べたように教員を対象にした研修プログラムは，その大半が子ども自身にかかわる内容に偏っていることに気づくはずである。厳密に言えば，子どもへの直接的な働きかけに見える指導方法も，それぞれの元の原理を紐解けば，学習環境への働きかけは必ず含まれている。しかしながら，短期間の研修では，そうした原理の理解まで深めることが難しく，結果的に，形式的に各指導法の手続きとその実施・評価といったマニュアル化できる部分ばかりが教員の意識の中に残るために，実践において子どもの混乱をむしろ悪化させてしまう事例が後を絶たない。たとえば，応用行動分析学によるアプローチは，的確な課題分析と適切な環境調整との連合が図られれば，非常に効果的な指導を提供することが可能なものであるが，つねに変動する両者の関係性に即時に対応するのは簡単ではない。高い子どもの観察力と相当のトレーニングが不可欠であるが，そのためには相応の時間と研修が必要なのである。ただし，こうした時間のかかる研修を多忙な日々の中で受け続けるのは誰にでも可能ではないし，まして原理の本質的理解はなかなかに難しい。

　このように指摘してしまうと，「そんな高度な対応は自分にはとうていできないし，そのための時間を確保することなど不可能」であると多くの教員に思わせてしまうかもしれない。その結果として，「専門的な指導はとても自分にはできないので，専門家にまかせてしまおう」という意識を生じさせてしまうことだけは回避しなければならない。

　こうしたジレンマが，対応を用意すべき学校にとっての課題となることが指摘されている（Farrell, 2012）。通常学校に高い専門性を求めすぎてしまうと，むしろ支援の必要な子どもにかかわろうとしない教員を生み出す構造を学校内で発生させてしまったり，特定の教員と子どものペアが学校全体から切り離される構造を生じさせてしまったりという問題がかつてイギリスでは生じていたことも指摘されている（眞城, 2017）。

　インクルーシブな学校を創造していくためには，すべての学校種とすべての教員が子どもの教育に対する責任を（濃淡はあれど）必ずもつことが大前提で

ある。だからこそ，インクルーシブ教育を率先して推進してきたイギリスにおいては，通常学校やその教員が適切に責任を果たしているかが評価される仕組みが作られているのである（眞城，2010）。

　すべての教員が均等に役割や責任を分担するのではなく，しかしながら，特定の教員だけに責任を偏らせたり，管理職も含めて，特別な対応にまったく関与しない教員をつくったりしないように学校での体制を構築することが欠かせないということである。

（2）インクルージョンに対する明確なマインドセットをもつために

　では，そのためには何が大切なのか。

　本書の著者らの研究グループ（眞城・石田・是永）はこれまでにデンマークの全98市のうち80を超える自治体を直接訪問してインクルーシブ教育に向けた教員養成の特徴について尋ねてきたが（章末の付記参照），そこでは学校長や教員，そして指導員であるペダゴー（Pædagog）に対する研修で「インクルーシブな学校を作り上げていくための tankegang（英語で言う mindset：「考え方」や「意識のもち方」のこと）の変化を促すことが」何よりも重要であるとして力を入れているという声を数多く得てきた。もちろん，「意識のもち方」だけに留まるのでなく，それを基盤にした実践力が求められるのは言うまでもない。大切なのは，インクルージョンに対する理解と意識のもち方が欠けた状態での指導では，いくら指導方法の技術を学んでも子どもに有効なインクルーシブな学校の構築にはつながらないことが強く意識されているということなのである。非常に興味深いことに，応用行動分析学を基盤に据えた研修を実施している自治体や，家庭で応用行動分析学による指導を導入するための支援をしている自治体はあったが，それらは必ずその基盤となる理念を理解するためのポリシーとセットで提供されていたし，子どもの評価に関しても心理検査の活用を教員に対して直接的に実施している自治体は一つもなかったことが象徴的であった。

　日本の特別支援教育において，心理検査を利用しながら子どもの能力の強い点と弱い点を明らかにし，検査結果のプロフィールをふまえて指導計画を立て

る方策は，検査結果がその子どもの学習環境との関係性の中でどのような状況を生み出しているのかを十分に整理できず，集団のダイナミクスの中で実践が上手くいかない場合には，当該の子どもが通級指導などの個別指導の場と通常学級とを頻繁に行き来する状況を生み出してしまう。この構造は，インクルーシブな学校を構築するための教職員のマインドセットを涵養しにくくさせる上，当該の子どもの不安を増幅させることがあるので注意が必要である。

　子どもの能力や適性における弱い点を明らかにして，そこに集中的に働きかけることで困難の改善を模索する，いわゆる医学・心理学モデルは20世紀後半に強い疑問が呈されたものの，直接的に子どもの行動改善や障害に起因する特性に対応した指導効果が得られることから，日本では現在も欠かすことができない役割を担っている。

　しかしながら，「他の子どもたちよりも少し不利が強い子どもたちに，その不利を解消できるように何か支援を用意しましょう」という視点のもち方は，多数の中に少数の特別な支援を必要とする状態の子どもを「受け入れる」という意識を教員にも生みやすいという問題をもっている。つまり，これは第10章で述べたように，通常学校の「スタンダード（標準）」は維持されたままでそれにかかわる学校改善が相対的にあまり意識されないということを意味しており，インクルーシブ教育の本質への理解が十分に図られないままに制度が進行する問題を生じさせてしまう。これではいつまでたってもインクルーシブな学校づくりには向かっていけない。たんに障害児を通常学校に「ついていけるようにする」，すなわち通常学校に適応させようとするアプローチに留まってしまうからである。これが強くなると同調圧力や同化主義（assimilation）の問題を生じることも知られている（眞城，2020；Armstrong et al., 2010；Norwich, 2012）。

　教育におけるインクルージョンの考え方は，多数に特定の少数が「ついてこられるように受け入れる」という発想なのではなく，学習機会が得られない状態となる個人を生じさせないように，通常に付加したり，通常とは異なる対応（イギリスの教育法上はこの二つを指して特別な対応（special provision）と呼ぶ）が

「スタンダード」に包含されるように学習環境を変化させていく過程を表すものであることをしっかりと意識しておきたい。

　さらに，日本ではこうしたインクルーシブ教育の考え方を十分に深めないまま「可能な限りともに学ぶ」という表現を使って，現象を統合論として表層的に解釈させてしまっているために，インクルージョンの本質とはむしろ離れた状況が放置されている状況も見られる。おそらくイギリスで用いられた表現を形式的に援用したものと思われるが，イギリスでは制度構造的に学校改善を強く求める仕組みの存在を前提とした上で「可能な限りともに学ぶ」という表現が位置づけられている。そのことへの理解が不十分なままに，いくつかの研究において日本に紹介されたことが誤った解釈の原因であろう。

　いずれにせよ，日本では通常学校での特別支援教育を進めていけばインクルーシブ教育になっていくとの誤解が生じやすいのである。日本の特別支援教育は，現行では学校教育法制度上の障害のある幼児児童生徒のみを対象にした制度である。他方で，北欧諸国の特別ニーズ教育はその対象が医学的な意味での障害に限定されているのではない。たとえ障害の診断を有することが判断材料の一つになっていたとしても，あくまでも特別な対応の必要性とそれに対する本人と保護者の希望によって位置づけられている。もっとも，対象者の大半を障害のある子どもが占めていることから，現地の教員でさえ北欧の特別ニーズ教育は障害児教育と同義であると思い込んでいる場合があるが，具体的な対応や学級における学習活動への参加の議論においては，まさに特別な教育的ニーズへの対応に関する捉え方が軸に据えられていることがわかるのである。そして，そうした議論において「特別な教育的ニーズ」という用語を使わずに学習への参加や子どもがつけるべき力を協議している例が多いのが興味深い。これは現地の教員に聞き取り調査を行っても，彼らが無自覚であるがゆえに調査ではなかなか拾い上げられにくいことなのであるが，多くの例において彼らの議論は，まさに個体と環境要因との関係性のもとで生じている特別な教育的ニーズの概念に即した内容となっているのである。

　北欧のインクルージョンは一見すると統合教育のように見えるため，「統合

型」のインクルージョンと評されることも少なくないが，その実際は，個の尊重を基本にして環境との関係性を考慮し，より多くの子どもが参加できるように学習環境を改善しながら展開するというインクルージョンの本質を備えたものである。この点で，日本でイメージされてきた統合教育とは，決定的に異なる特徴を有しているのである。

　繰り返しになるが，特別な子どもに対する教育なのではなく，特別な教育的ニーズに対して提供されるものであるという思考を軸に据えることが肝要なのである。

　北欧の学校を訪問した多くの人たちが語る，「北欧の学校では，特定の子どもにつねに支援を用意しているのではなく，自然に必要な対応が用意されていると感じられる」という印象は，学校における特別な対応が，特定の子どもに対してなされているのではなく，他児に追加した対応が必要な場合，もしくは他児とは異なる対応が必要な場合という意味に限定された特別な教育的ニーズに対して提供されているからなのである。それゆえに，いつも特定の子どもに支援が用意されるわけではなく，必要に応じて適宜対応が用意されている様子が「自然に見える」のである。全体優先の文化ではなく，個人と他者の意志の尊重という文化が通底にあることが，北欧のインクルージョンの文化的特徴である。

　補足であるが，かつて国際学校心理学会の会長を務めたこともあるファレル（Farrell, 2012）は，「通常学校にいればよりインクルードされていると言えるのか？」との課題提起をしている。こうした指摘はブースとエインスコー（Booth & Ainscow, 1998）の「（通常の）学校に通っているというだけでは十分ではない」という記述に象徴されるように，すでにインクルージョンの用語が世界的に知られるようになった頃から見られるものだが，つまり，障害をはじめとした様々な教育的ニーズのある子どもが通常学校に通えばインクルージョンになるわけではないということである。インクルージョンの考え方の本質が，子どもの教育的ニーズを包含する範囲を拡大するプロセスであり，学校制度がその方向性を維持しながら変容する状態をもって，世界中の子どもの教育機会

の保障を各国の基礎教育制度の整備状況に応じて進めていくことにあることを念頭に置けば，たんに通常学校にすべての子どもが通えばそれがインクルージョンを体現するのではないことは容易に理解できる。

　しかしながら，21世紀に入ってもなお，学校におけるインクルージョンを「通常学校への就学」という限定的な視点に矮小化する人が少なからずいることをファレル（Farrell, 2012）の指摘は示している。1981年教育法以降のイギリスにおける特別な教育的ニーズへの対応に関する制度が通常学校に責任回避をさせないように試行錯誤を繰り返してきた過程が明らかにされているが（真城，2010；眞城，2017），それでも20世紀後半の「統合論」の視点は日本でも強く残っており，これがインクルージョンの概念理解が日本で的確に進まない背景ともなっている。小学校や中学校などの通常学校がその制度と実質を変容させながら，特別な教育的ニーズのある子どもへの教育の責任を果たしていくことを意識したい。

2　学校における諸検査をめぐって

　今日では，知能検査をはじめとして，様々な発達検査，子どもの障害や行動特性を把握する検査が数多く開発されている。そして，それらが幼児期における，いわゆるグレーゾーンにいる子どもたちへの早期対応への接続促進に用いられたり，就学時の健康診断をより多角的に行うことに利用されたり，就学後の学習効果の改善や行動問題の対応に活用されるなど，特別支援教育制度の下ではこうした諸検査の利用はごく当たり前のように行われるようになった。20世紀後半に，学校において知能検査の実施をしようとすれば，たちまちに顰蹙を買い，強く批判された時期があったことを知る人たちからみれば，驚くほどの変化である。この間に検査の開発に携わった人たちが，検査の有効利用によって子どもたちに多くの利益がもたらされることを地道に実証してきたことがその背景にある。

　しかしながら，心理検査は，実施条件や結果の解釈に必ず制約や限界が伴っ

ていることが十分に理解されていないまま利用されてしまうと様々な問題を生じる。

　たとえば，測定結果の誤差の問題である。

　あらゆる測定には必ず誤差が発生する。自然科学分野では，それゆえに同条件での測定を繰り返して，得られた結果に誤差の影響が生じないようにする手続きがとられている。他方で，とくに知能検査などは，短期間に連続して測定をすることができない。被検査者に学習効果が生じる可能性があるためである。このため一度知能検査を受けた子どもは，少なくとも半年ほどの期間を空けなければ同じ検査を受けることができないといった指示がされている。

　さて，ここで問題が生じる。たとえば，注意集中の困難と多動傾向の強い子どもが，ある知能検査を受ける場合を想定してみよう。はたして，その子どもは検査を受けるのに適切な状態であるかどうかを，きちんと判断されているであろうか。もし，これが不十分なまま検査を受ければ，検査方法の性質上，明らかにその子どもの不注意や多動傾向が検査結果に影響を与えることになる。定められた時間内に適切な反応がなされなければ，その項目は不通過（「できなかった」「無反応」）と評価されざるを得ないからである。たまたま検査の途中で他に気になることが生じたりしても，検査で求められる応答ができなければ，そのような状況は考慮されないまま，「不通過」とされてしまう。これらはいずれも測定誤差を生じさせることになる。つまり，不正確な検査結果が得られることになってしまうのである。もちろん，膨大な被験者の協力の下に標準化が図られた検査では，そうした誤差も含んで妥当な解釈ができるように開発がなされているのであるが，それでも誤差の大きさを完全にはコントロールできない。測定誤差は必ず残るのである。このため，各検査では，測定結果はあくまでも仮説であり，実際の様子などで裏づけがとれた場合にはじめて意味づけをするようにとの指示がなされるのが通例である。しかしながら，測定結果を裏づける行動を見つけようと意識して子どもの行動観察をすれば，バイアスがかかってしまうので「そのように解釈できる」行動は必ず見つけることができると言っていい。測定誤差の影響を完全に解消する理論的方策は今のところ存

在していない。

　このように心理検査に伴う測定誤差の問題は，不可避的に生じるものである。だからこそ，心理検査はその結果の利用の仕方が重要となってくる。

　就学時に教育委員会が実施する知能検査や発達検査は，それだけをもって就学先を決める決定的な判断材料としては利用しないことになっているが，実際には，いくつもの教育委員会が測定誤差のある検査結果を用いて推奨する就学先を保護者に伝えている。ひどい自治体になると，弱視の子どもに知的発達の遅れがないことを証明するために（視覚障害に配慮されていない）知能検査を実施している例があるとさえ聞こえてくる。20世紀後半に知能検査の利用に強い嫌悪反応が示されたのは，検査自体の問題ではなく，こうした検査結果の不適切な利用によっていたのである。イギリスでは1970年教育法が施行されるまで，知能検査で IQ50未満の子どもは学校教育の対象外とされていたが，これなどは不適切な検査利用の最たる例である。

　日本では，検査結果を「就学相談」ではなく「就学先決定」の場面で用いることの問題が現在も続いており，各教育委員会における適切な利用がとくに求められている。

　就学後の学校における検査の利用も同様である。たとえば小学校において，特別な支援の必要性を判断する際に，安易に心理検査が用いられている事例を各地で聞くようになった。これも測定誤差の問題で説明したバイアスの存在等を念頭に置けば，とくに注意が必要であることが理解できるはずである。小学校での特別支援の対象児童の事例検討会などでは，いまだに知能検査の結果プロフィールをとうとうと語る報告に閉口することがあるが，（たとえ検査実施の研修を十分に受けたとしても）教員が学校において諸検査を実施・活用する際にはくれぐれも慎重さを忘れないようにしたい。

　まだ特別支援教育制度が施行される前の時期であるが，ある小学校に協力をしてもらって，一つの学級の全員にある知能検査を実施し，その結果をふまえて障害の有無にかかわらず全員に個別に計算と漢字の学習のための教材のポイントを簡便にフィードバックしたことがある（真城，2001）。この研究は通常学

級に在籍する障害のある子どもに対する適切な指導を模索するために，その子どもの認知情報処理様式の特徴を把握するとともに，情報処理様式の類似した他の子どもへの働きかけと連動させることで効果が得られるかどうかを把握することが元来の目的であった。しかし，研究の過程で気づいたことは，その学級担任は学級内の子どもがどのような情報処理特性を有しているのかを検査の実施前の段階でほぼ正確に把握できていたことであった。この知見は，検査の実施前に行動観察や授業実践を通じて，教員が子どもの学習の様子をどれだけ把握できているかの重要性を示唆するものであった。つまり，実践場面での検査は先に実施するものではなく，教員の把握した子どもの様子を裏づけ，それをさらに次の実践につなげていくことでその効果を発揮するということである。その後にイギリスの中等学校におよそ1年間毎週継続的にかかわった際にも，子どもに必要な対応を検討するために行われた教育心理士による情報収集の過程において，検査は必要のある場合に限り情報収集の最後の段階で実施されていたに過ぎなかった。これもまずは教員による行動観察と実践場面における子どもの学習の様子を丁寧に把握することが重視されていたからに他ならない。あくまでも学校において実施される検査から得られる情報は，教員が自ら把握した情報を補うものであった。ちなみに，デンマークにおける就学先決定では，特別な対応を受ける根拠を得るために医療機関から「診断」をしてもらおうとする保護者の増加が問題となっているが，各市の教育当局が就学先を決定する目的でこうした検査を積極的に使うことはない。また，学習障害の子どもに対する個別指導においても知能検査を利用するのではなく，本人と保護者と協議の上で，「何を学習するために，内容や方法をどのようにするか」を定めていくのが通例である。

　さて，学校における検査の実施は，子どもの心理的負荷も十分に考慮することが必要である。とくに，スクリーニングに引き続いて行われる検査は，その後の診断にもバイアスを与えてしまうことがあるので，本人の学校における心理的負荷や自尊感情の状態を慎重に判断しながら実施するようにしたい。

　なお，心理検査の実施に際しては，学校外の専門家に依頼することも少な〈

ないが，専門家によって提供された知見は，単独で取り扱うのではなく，各学校の諸条件の下で総合的に判断する際の情報の一つとして扱うことが肝要である。ある専門家による知見や助言は，どの条件の下でもっとも効果的となるのか，あるいは，他の条件との関係性によっては，「合成の誤謬」（第10章参照）が生じて，むしろ子どもにマイナスの影響を与えることさえあるということを理解しておきたい。インクルーシブな学校は，動的に変化する状況の中で子どもの教育的ニーズを包含するプロセスを通じてつくられていくのであるから，多角的・総合的な判断が大切なのである。教員が検査結果の内容を理解できるようにしておくことは最低限必要であるが，その専門知識は単独で用いるのではなく，他の条件とバランスをとりながらどのように実践に応用するかが肝要である。多職種で，また教員も複数で子どもを丁寧に観察すること，そして「課題」と考えられる内容以外の当該の子どもの様子をたくさん記録することから始めるとよいだろう。

3　特別な支援の必要性を通常学級での学習活動に「ついてこられないこと」で判断しないように

　インクルーシブな学校の構築のためにとくに意識されることが大切なのは，学習や行動面で支援の必要性を判断する際に，集団での学習活動に「ついてこられないこと」だけを判断基準にしないということである。通常学級の「スタンダード（標準）」を変化させることなしになされるこの判断は，明らかなエクスクルージョンと見なされるからである。

　しかしながら，この判断基準が無意識にもたれてしまっている可能性がある。通常学校の教員が，何を基準に通常学級と通級指導などの特別な指導を提供する場のいずれでの学習参加が適当であると判断するかについて行った意識調査の結果（Sanagi, 2017）からは，通常学級での学習活動についてくることが難しいと思われる場合に，通常学級ではなく個別指導等の学習の場に参加することが適当であると捉えられる傾向があることが示唆されている。とくに発達障害

のある子どもは通常学級での一斉授業において学習内容が十分に理解できない
経験を繰り返していたり，通常学級において他の子どもと適切な関係作りが上
手くできずに疎外感を強く感じたりすることが少なくない。またこうしたこと
が複合的な要因となって，学級内で仲間はずれにされたり，いじめの対象にな
るなどの事態を引き起こし，結果的に自尊感情を著しく傷つけて不登校などの
二次的な困難に直面させてしまっている実態が拡がっている。通級指導担当の
教員からは，「通級指導が子どもたちにとっての避難場所になっている」とか，
「ここ（通級指導教室）がなければ学校に来られなく（不登校に）なっている」と
いった声を必ずといってよいほど聞くことができる。そして，こうした担当教
員の間では，通級による指導を受けている子どもたちが通常学級で他の子ども
から軽んじられないようにと，本来は通級指導においては行うことが認められ
ていない「補充学習」に特化した指導だけを行う事例が拡大・固定化している
ようである。このようにしなければ当該の子どもが通常学級で自己効力感を著
しく低めてしまったり，いじめのきっかけとなったりすることがあることを念
頭に置けば，現状ではやむを得ないぎりぎりの対応であることは十分に理解で
きる。ただ，インクルージョンの考え方は，こうした状況に対して当該の子ど
も自身への特別な指導ではなく，周囲の学習集団の価値基準への意識を改めて
いく働きかけの考え方，つまり学校改善の考え方であることは，繰り返し指摘
してきたとおりである。通常学校で専門的な障害児教育を効果的に実施するこ
とは必要であるが，インクルージョンの考え方の本質はあくまでも当事者を含
む学校全体の改善が伴わなければならないのである。

　もちろん現行の日本における通級指導において補充学習がまったく実施でき
ないわけではないが，それには条件があって，児童生徒の「障害」の特性を踏
まえた特別な指導を行う際に，その具体的な学習題材として各教科等の内容に
関連づけて特別な教材や指導方法を用意することが不可避の場合にのみ合理化
される。なぜならば，通級による指導は，あくまでも障害のある児童生徒に対
して「障害による学習上または生活上の困難の改善・克服を目的とした指導」
のために用意される「特別の教育課程」（学校教育法施行規則第140条及び第141条）

だからである。たんなる学習の遅れへの対応を意図した制度ではない。それにもかかわらず、「特別の教育課程によることができる」（同法第140条）ことのみを拡大解釈し、学校長や教育委員会の中には「（障害の有無にかかわらず）通常学級での授業についてこられない子どもは特別支援の対象」という取り扱いを公然と行っているところまで出てきていることは、国際的には教育行政における構造的エクスクルージョンであり、深刻な問題である。

　唯一の例外論理は、児童の権利に関する条約の第12条に規定される、子ども自身が「自己の意見を表明する権利」として、通常学級以外の学習の場を選択する場合にしか存在しないと考えられている（Pearson, 2016）。デンマークにおいて、通常学級に在籍する子どもが、通常学級以外の場で個別指導を受けるかどうかや、特別学級に在籍する子どもが通常学級での学習に参加する場合に、その教科や参加先の学級（必ずしも年齢相当の学年・学級に限定されない）を選択・決定するのが教員ではなく、子ども自身であるのは、こうした児童の権利に関する条約の規定が念頭に共有されているためでもある（保護者の同意も必要）。

　教員や専門家による視点はすべてに優先されるわけではなく、子どもの意志と調和的にバランスをとることを意識したい。そのために年度内でも指導体制を変更できるようにする柔軟な制度と運用が求められるのである。

4　子どもたちを巻き込みながら
インクルーシブな学校をつくっていく

（1）子どもの意志の尊重

　日本では、校内委員会に子ども自身が参加することは想定されていないが、児童の権利に関する条約の精神をふまえるならば、自らの支援にかかわる会議に当事者として出席することの意味はとても大きい。「専門的な内容は理解できないだろう」「自身の課題についての話題に出席することは教育的に問題がある」「子どもには負担が大きい」「校内委員会は保護者の要望を聞く機会では

ない」など，様々な反対意見が上がってくることは想像に難くない。しかしながら，校内委員会のすべてに参加させよと言っているのではなく，本当に子どもが校内委員会にまったく参加できる余地がないのか見直して，校内委員会への部分的な参加など少しずつでも実施してみれば，子ども自身が参加する機会をわずかでも用意することの意義が理解できるようになるはずである。イギリスでは特別な教育的ニーズへの対応を協議する会議への子ども自身の参加は保障されている権利となっているし，北欧諸国でも特別な対応の方針と内容を決定する前には，子ども自身の意志と保護者の承認を得るのが原則である。たとえば，デンマークで主に特別学級で学習活動に参加している子どもが，通常学級の授業に参加する際に，どの学年のどの学級に参加するかは，本人の意志によって，当該学年の場合もあれば，下学年の場合もある。教員はその選択に対して長所短所の情報提供は行うが，最終的な決定には子どもと保護者の同意をもって確定していくのである。その上で，学校は，子どもの選択における最大限の効果が得られるように指導を調整する。

　日本でも特別な支援や指導を用意する際には，子どもの利益を最大にすることを当然考えるのであるが，教員が「これが専門的に正しい対応だ」と専門的知識や技術を次々に用意すると，そのアプローチのうちの一部は大きな効果を発揮するが，他方でその他が上手くいかなくなることがある。また，子どもたちが良い関係を作っているように見えても，それが表面的だったり継続できなかったりすることがある。

　こうしたことの背景には，インクルージョンにかかわる専門的実践において教員や専門家といった大人が主導的役割をもち，子どもたち自身が自分たちでこうしてみようと進める要素が決定的に欠落している場合が少なくない。「自然なかかわりを」との言葉のもとに子どもたちに何らきっかけとなる環境を教員が用意していないのは論外であるが，複数の専門的対応が相互作用としてどのような影響を子どもに与えているのかのバランスはつねに意識しておかなければならない。

　とくに支援を必要とする子どもが直面している課題を解消することは働きか

けの内容として不可欠であるが，課題を解消すればインクルーシブな学校ができあがるわけではない。

　子どもが感じている困難や不安は，教科学習の時間やその他の時間などの場面の違いや，学習集団によってつねに変化しているので，そのすべての条件を教員や専門家だけでコントロールするのは不可能である。だからこそ，子どもたち自身の力を活かすことが欠かせないのである。さもなければ状況の変化に対応できる柔軟な学校は構築できない。インクルーシブな学校環境を構築するためには，子どもたちが自分自身で多様性を包含しながら秩序を保つバランスの取り方を生み出すよう考えて行動する機会を，教員や専門家が学校における様々な場面で用意することが不可欠なのである。そうしたことをどれほどの学校で意識できているだろうか。

　残念ながら，子どもの課題となる行動やその個人内要因についての分析と対処方策の検討・実施には相当の労力と時間が割かれているのに比べて，子どもたち自身による学校づくりや集団づくりへの視座が不十分な事例が多いのではないだろうか。「子どもたち主体の相互関係はいつだって考えている」とほとんどの教員は意識しているはずであるが，発達障害のある子どもへの対応や「特別支援」という言葉が伴う事案になった途端に，教員主導や専門家主導のアプローチになり，子どもたち自身が環境を変容させ続けていくという側面が後退してしまうのはなぜなのであろうか。専門指導と称するアプローチの多くが，担当する教員のスキルばかりに焦点が当てられていて，子ども自身が自分たちの学校や学級，そして日常生活を見直して変化させていき，自身の存在とともに他者の存在を成立させるダイナミクスを構築する重要性への視座が決定的に欠落しているからではないのだろうか。

　具体的な指導や支援の場面において，専門的な知見を最大限に通常学校において活かしていくことは，教育と支援に携わるスペシャリストとして間違いなく大切なことである。しかしながら，そのことばかりに極端な注力がなされると，当該の子どもにとっての教育機会が適切な状態からはむしろかけ離れたものになりかねない。教員が必死に「専門性」の提供ばかりに意識を奪われ，子

どもにとって「二度と通いたくない学校」となってしまっては，何にもならない。

　インクルージョンの考え方は，けっして子ども同士が「ことさらに仲良くする」ことをもたらすわけではない。ただ，それぞれの子どもが自身の存在とともに他者の存在を成立させ，共存することが基本の哲学である。誰もが相互に仲良くなるわけではない。まして，障害のある子どもに対して，誰もが「仲良く」「親切」であるわけでもない。「障害のある子どもと仲良くではなく，様々な友だちの中に障害のある子どももいる」（眞城，2003）のが多様性が共存した状態である。ここで重要なのはそれに必要な環境構築に子ども自身が主体的にかかわることなのである。そして，インクルーシブな学校においてすべての子どもに基本となるのは，自らの居場所と相互尊重の意識を感じられていることである。

（2）専門的対応で生じる子どもの負担解消を

　「専門的」と呼ばれる指導や仕組みの提供は，それぞれに子どもにとって何かしらの有効な機会を提供するものであるから，それらを具体的に用意できるように努めることは教員や関係者の責務である。しかしながら，同時にそうした「専門的」な指導や仕組み自体が子どもたち自身に「不安」や「負担」を与えている側面も必ず存在する。これはどんなに効果が確認されている方法であっても，それが用いられる学校の場面が，専門指導の開発場面と完全に適用条件が一致することがないために必然的に生じることである。我々は，様々な支援や指導を提供する際に，その効果と子どもに与える不安と負担とのバランスをつねに考慮するようにしなければならない。専門書や雑誌に示されている専門的指導の効果ばかりに意識を奪われて，その提供を受ける子どもや保護者が感じる不安や負担への視座が不十分になっている事例が数多く存在している。

　学校長が「大丈夫。お子さんを私たちがしっかりと受け止めます。まかせてください」と保護者に伝える際に，根拠のない気休めの言葉かけではなく，しっかりとした指導と支援が提供できるという裏づけのもとに行えるようにした

い。

　就学相談に携わる各自治体の教育委員会においては，就学前の段階での情報提供を丁寧に行うことはもちろんのことであるが，現状では保護者による学校選択の判断に必要なだけの情報が質量ともに十分ではないと受け止められていることが少なくない。就学の時点で二者択一的な選択を迫るのではなく，その後に子どもの様子によって，年度途中でも柔軟に学校や学級を変更できるような仕組みを整えていくことが多様な教育的ニーズを包含するプロセスには欠かせない。

　このような「お試し期間」とでも表現できるような就学当初の時期を設定する自治体がようやく現れてきたが，こうした子どもの様子を見ながら柔軟に学習参加の場を移せる期間こそがじつは「移行（transition）」という用語がもつ本来の概念である。「移行」という用語は，日本の特別支援教育においては主に特別支援学校高等部からその後の社会生活等への遷移の段階で使われることが多いが，主たる所属先が変更になる際の双方の場を「徐々に移していく」状態を表す概念であることが十分に理解されていないことも少なくないようである。簡単に言えば，複数の場への参加が同時に生じる期間を設定して，徐々に次の段階に進んでいくことで，本人が安心して慣れていくことができるように遷移させる状態を「移行」と呼ぶのである。就学の際にもこうした期間をつくるとともに，就学後にも複数の場を柔軟に行き来できるような期間を設定できるようにすることなくして，とくに支援を必要とする子どもたちにとっての学習機会をインクルージョンの考え方のもとで提供することにはつながらないのである。

　ここでも「そうはいっても，教員や補助職員の配置などの制約がある上，年間のスケジュールなども考えると実現は難しい」という声が聞こえてくるが，実現させようとする意志をもち，そのために「専門家」と呼ばれる人や，保護者や自治体とともにインクルージョンの考え方とプロセスを学校に取り入れられる範囲を拡大するところに教育行政職のスペシャリストには自負をもっていただきたい。

　そして，こちらが（これが最適と考えて）用意した選択肢を子どもや保護者が選ばなかった場合でも，それに対して保護者の理解が足りないと責めるのではなく，彼らにとって最大限に効果がもたらされる方法を模索することが我々の仕事である。

　すべての関係者が，子どもたちが学校に自分の居場所と他者から期待される役割があるという「安心」を感じることのできる学校をつくっていくことに尽力すれば，必ずより多くの子どもが包含されていく。各自がそこに向けたスペシャリストであるように願いたい。

　決められた仕組みが頑なであればあるほど，そこになじめない子どもは増えていく。「スタンダード（標準）」が狭ければ狭いほど，その外に置かれる子どもは増えていく。インクルージョンの理念が児童の権利に関する条約で示された，子どもの意志の尊重という理念の直接の延長線上にあることをもう一度心にとめて，子どもの意志や選択と専門的指導や支援との調和を図ることを強く意識しておきたい。インクルーシブな学校は，そこに構築されていくのである。

　「インクルーシブな学校というのは，完璧な状態に到達した学校のことというより，変化の途上にある学校のことなのである」（Ainscow, 2007）という言葉を胸に，教育的ニーズを包含できる範囲を拡大する「プロセス」を各々の学校の中に根づかせることができるように，教員やその他の専門家，保護者，地域，そして，子どもたち自身による調和的な精神の涵養を図るとともに，それに則った行動を促進していくことが本質的に重要なのである。子どもたちの支援と教育のスペシャリストとしての有り様は，ここに顕現化してくる。小手先の専門家風の支援スキルにばかり意識を奪われないように心しておきたい。

　付　記
　　本章は，真城知己・石田祥代・是永かな子　デンマークにおける自治体条件差を包含するインクルーシヴ教育制度構築過程の特質．科学研究費補助金（基盤研究（B）海外学術調査　課題番号：15H05204）による調査（2015-2018年度）をもとにしている。

〈文　献〉

文部科学省　2007　特別支援教育の推進について（通知）

真城知己　2001　小学校における統合教育環境下の障害児と同級生への同時学習支援方略の実践的検討　科学研究費補助金（奨励研究（A）/課題番号：12710137/2000-2001）

真城知己　2003　障害理解教育の授業を考える　文理閣

真城知己　2008　千葉県特別支援学校教諭免許状認定講習補足資料

真城知己　2010　イギリスのインクルーシブ教育　発達障害研究，**32**(2)，152-158.

眞城知己　2017　イギリスにおける特別な教育的ニーズに関する教育制度の特質　風間書房

眞城知己　2020　インクルージョンに向けて　石部元雄・上田征三・高橋実・柳本雄次（編）　よくわかる障害児教育　第4版　ミネルヴァ書房　pp. 10-13.

Ainscow, M.　2007　Towards a more inclusive education system. In Cigman, R. (Ed.), *Included or excluded?* Routledge. p. 129.

Armstrong, A. C., Armstrong, D., & Spandagou, I.　2010　*Inclusive education*. SAGE. pp. 15-16.

Booth, T., & Ainscow, M.　1998　*From them to us: An international study of inclusion in education*. Routledge. pp. 39-41.

Farrell, P.　2012　Inclusive education for children with special educational needs: Current uncertainties and future directions. In Armstrong, D., & Squires, G. (Eds.), *Contemporary issues in special educational needs -Considering the whole child-*. Berkshire, UK: McGraw-Hill Education. pp. 35-47.

Norwich, B.　2012　How inclusion policy works in the UK（England): Successes and issues. In Boyle, C., & Topping, K. (Eds.), *What works in inclusion?* Open university press. pp. 53-65.

Pearson, S.　2016　*Rethinking children and inclusive education*. Bloomsbury. pp. 53-62.

Sanagi, T.　2017　The effectiveness of conjoint analysis in educational research fields. International conference for academic disciplines 2017（University of Freiburg, Germany). Presentation paper.

索　引

執筆者紹介 (＊は編者)

＊石田祥代 (いしだ・さちよ)　第3章，第4章，第6章，第7章，第8章，第9章，第11章，第14章

　　千葉大学教育学部教授，博士 (心身障害学)。1991～1992年，1996～1998年，スウェーデンルンド大学社会福祉学部特別研究員。
　　子どもを包摂するインクルーシブな支援システムを主な研究テーマとする。
　　著作に，「デンマークにおける地方自治構造改革後のインクルーシヴ教育の取り組みに関する研究」(『北ヨーロッパ研究』第15巻，2019年)，「インクルーシブ教育からみた義務教育から後期中等教育への移行とその支援」(『北ヨーロッパ研究』第16巻，2020年)，「障害児教育から特別支援教育へ　外国の例③スウェーデン」(石部元雄・上田征三・高橋実・柳本雄次編著『よくわかる障害児教育　第4版』ミネルヴァ書房，2020年)，など。

＊是永かな子 (これなが・かなこ)　第1章，第5章，第6章，第7章，第8章，第9章，第12章，第13章

　　高知大学教職大学院教授，博士 (教育学)。1994～1995年，スウェーデンルンド大学マルメ校教育学部留学。
　　北欧と日本，とくに高知県における「通常の教育では十分に学習できない子ども」を対象とした「特別ニーズ教育」のシステムと実践について研究している。
　　著作に，『スウェーデンにおける統一学校構想と補助学級改革の研究』(単著，風間書房，2007年)，「第7章　知的障害児・者地域ケアの現場から」「第11章　ノーマライゼーションという思想」(浜渦辰二編『北欧ケアの思想的基盤を掘り起こす』大阪大学出版会，2018年)，『特別支援教育 (シリーズやさしく学ぶ教職課程)』(学文社，是永かな子・尾高進編著，2020年)，など。

＊眞城知己 (さなぎ・ともみ)　まえがき，第2章，第10章，第15章

　　関西学院大学教育学部副学部長・教授，博士 (教育学)。2002～2003年，イギリスマンチェスター大学客員研究員，2005年デンマーク教育大学 (現オーフス大学) 客員研究員。
　　主な研究テーマは，特別な教育的ニーズ論，インクルーシブ教育論，イギリスおよびデンマークの特別ニーズ教育制度・教育史研究 (詳細は www.sanagi.jp.net 参照)。
　　著作に，『特別な教育的ニーズ論』(単著，文理閣，2003年)，'Attitudes to normalisation and inclusive education'. (*Journal of Research in Special Educational Needs,* vol. 16, no. s1, 2016)，『イギリスにおける特別な教育的ニーズに関する教育制度の特質』(単著，風間書房，2017年)，など。

Matti Kuorelahti (マッティ・クオレライヒ)　第6章

　　フィンランド，ユバスキュラ大学教育学部名誉准教授 (Ph.D.)。
　　特別教育分野の教育と研究として，子どもと若者の行動と感情および社会的・感情的な幸福に関する課題に関心を持っている。近年は子ども自身の学校への参加や参画，関与についての研究を行っている。
　　著作に，'Student engagement: Understanding student perspectives on education' (with K.

Ruoho, & T. Virtanen, In D. Zimmermann, M. Meyer, & J. Hoyer（Eds.）, *Ausgrenzung und teilhabe: Perspektiven einer kritischen sonderpädagogik auf emotionale und soziale entwicklung.* Julius Klinkhardt, 2016）, *Ohjaus ja erityisopetus oppijoiden tukena*（with K. Lappalainen, Jyväskylä, Finland: PS-kustannus, 2017）, 'Struggling for inclusive education in Japan and Finland: Teachers' attitudes towards inclusive education'（with S. Moberg, E. Muta, K. Korenaga, & H. Savolainen, *European Journal of Special Needs Education*, 35(1), 2020）, など。

Girma Berhanu（ギルマ・ベルハヌ） **第7章**

スウェーデン，イェーテボリ大学教育学部教授（Ph.D.）。
主な研究分野は，特別教育もしくは教育の分野における「公平性」についてである。具体的には，人種・民族と特別教育の関連，あるいはグローバル化されたポストコロニアル世界における少数派の子どもの学習と能力開発としての「集団不平等」の問題を分析している。
著作に，'The effects of environmental deprivation（malnutrition）on intellectual functioning（school performance）: With particular emphasis on orphanage residents in Ethiopia'（*Göteborgs Universitetet, Institutionen för Specialpedagogik*, Nr. 7, Feb., 1997）, 'Learning – In – Context. An ethnographic investigation of mediated learning experiences among Ethiopian Jews in Israel'（*Göteborg studies in educational sciences* 166. Gothenburg: Acta Universitatis Gothonburgensis, 2001）, 'Intersections of race, disability, class, and gender in special/inclusive education: The case of Sweden'（In S. L., Gronseth, & E. M. Dalton（Eds.）, *Universal access through inclusive instructional design: International perspectives on UDL*. New York: Routledg, 2019）, など。

Stine Kaplan Jørgensen（スティーネ カプラン・ヨーイェンセン） **第8章**

デンマーク，ユニバーシティ・カレッジ・コペンハーゲン教育学部准教授（Ph.D.）。
インクルージョンおよび排除の過程，対人コミュニケーション，およびコンフリクト調停に幅広く取り組んでいる。主な研究分野は，いじめといじめに対する介入である。
著作に，*Bullying and interventions – Positioning theoretical analysis of group conversations with children*（Ph.D. dissertation, DPU, Århus Universitet, 2016）, *Når metoder mod mobning virker mod hensigten*（Mobning: viden og værktøjer for fagfolk. 1 udg. København: Akademisk Forlag, 2017）, *Mobbemønstre og magtkampe – Håndtering af mobning i skolen*（København. Hans Reitzels Forlag, 2019）, など。

Ann-Cathrin Faldet（アン-キャスリン・ファルデット） **第9章**

ノルウェー，インランドノルウェー応用科学大学教育学部准教授（Ph.D.）。
学習と政策，専門能力開発に関する研究グループリーダーを担っており，研究対象は特別ニーズ教育，心理社会的困難／問題行動，学習理論である。
著作に，'Læreres vurderinger av ulike elevgrupper i skolen'（with T. Nordahl, *Paideia*, (13), 2017）, 'Being a mother of children with special needs during educational transitions: Positioning when "fighting against a superpower"'（with R. Solveig, *European Journal of Special Needs Education*, 35, 2020）, 'Valuing vulnerable children's voices in educational research'（with K. Nes, *International Journal of Inclusive Education*, in press）, など。

インクルーシブな学校をつくる
──北欧の研究と実践に学びながら──

2021年4月1日　初版第1刷発行　　　　　　　　〈検印省略〉
2022年11月30日　初版第2刷発行

定価はカバーに
表示しています

編著者　石田祥代子
　　　　是永かな
　　　　眞城知己
発行者　杉田啓三
印刷者　中村勝弘

発行所　株式会社　ミネルヴァ書房
607-8494　京都市山科区日ノ岡堤谷町1
電話代表　(075)581-5191
振替口座　01020-0-8076

ISBN978-4-623-09102-7
Printed in Japan

──────── ミネルヴァ書房 ────────

https://www.minervashobo.co.jp/